見たり聞いたり

東海地方のマスコミ70年の歩み

見たり聞いたり編纂委員会
企画　株式会社ワントゥワン
監修　新聞報社

三恵社

はじめに

すべての物事には固有の歴史がある。マスコミ業界も例外ではない。マスコミは国内外で時々刻々と起きているさまざまな動きを世の中に広く早く正しく伝える役目を担っている。その手段は時に応じて新聞、ラジオ、テレビ、デジタル媒体へと進化し、人々の生活を豊かにしたり、快適なものにしたりする務めを果たしてきた。

しかし、当のマスコミ業界そのものの動きを捉え、知る手がかりの存在は一般の人々にはほとんど知られていない。古来、一つの業界には、業界内の動向を伝える業界紙が決まって存在する。業界紙はそれぞれの業界の〝潤滑油〟として重宝されている。新聞業界でその役割を果たしている有力業界紙の一つが新聞報である。

新聞報は新聞記者出身の寄光勇（よりみつ・いさむ）が1953（昭和28）年に創刊。名古屋市南区の自宅を編集兼発行所として、たった一人で業務を始めた。新聞報はタブロイド判の旬刊（1、10、20日）で、新聞業界ばかりでなく、放送や広告会社（エージェンシー）など、新聞と密接な関係にある業界の動向にも細やかな目を向ける紙面づくりに注力。2023年2月5日には創刊70周年を迎えた。

先行紙のいくつかが名古屋を創業地としながら相次いで東京に拠点を移す中、寄光は「地元に根付いた業界の発展と支援」を掲げ、東海地方を中心とするマスコミ各社の動静を伝えることに重きを置いた。事実、現在8紙を数える新聞業界紙のうち、創刊以来、名古屋を本拠として発行を続けているのは新聞報のみである。

マスコミの歴史や意義、功罪などを論ずる書籍は書店の一角を占めるほど溢れている。しかし、その動向を東海地方に絞り込んで述べた類書はない。その点、新聞報が創刊以来つぶさに報道してきた事柄は期せずして、東海地方のマスコミの歩みと重なっている。

そこで、東海地方のマスコミの歴史を経糸《たて》に、新聞報の歴史を緯糸《よこ》にして織り上げたのが小誌『見たり聞いたり』である。誌題には、マスコミという果てしない世界に縦横無尽に足を運び、文字通り、自ら見たり聞いたりして、東海地方の業界動向を伝えてきた新聞報の思いを託した。

これまで、当地方のマスコミ業界に携わったことのある方々や同業界に関心を持っている方々、将来、同業界で働きたいと考えている若い人たちにとって、なんらかのご参考になれば幸いである。（敬称略）

見たり聞いたり編纂委員会

Contents

はじめに　3

第1章　マスコミ業界の70年　7

『新聞報』の紙面で振り返る東海地方のマスコミ業界
タブロイド判2ページの体裁で産声をあげた『新聞報』
東京五輪と大阪万博の成功目指して活気づいた戦後経済
2度にわたるオイルショックで終焉迎えた高度経済成長
バブル景気の始まりと国際的な政治体制のうねり
バブル経済の崩壊とともに始まった「失われた10年」
日本経済の長期低迷に拍車かけたリーマン・ショック
敵対から協調へ。IT活用で変わり始めた新メディアとの関係
すでに始まっている「どこでもドア」ならぬ「誰でも発信者」時代

Special Topics 1　134
時代とともに広がってきた
広告会社のビジネス範囲

第2章　今だから言える「実は……」の実話　137

滑走路を背にした長い夜～中華航空機墜落事故
ドラゴンズ　20年ぶり　優勝
ヒットを生み出す大きな体験
「ZIP-FM」ステーションネーム誕生のエピソード
中部経済、黄金の2000年代から
お笑いマンガ道場と5時SATマガジン
白紙撤回から23年、芦浜は今……
東海豪雨――ずぶ濡れで撮った幻の一面写真
日航ジャンボ機墜落事故
東海3県の〝朝〟を伝え続けて36年
10年ぶり以上のインストアも「全力」ファンキーモンキーベイビーズ
奇人落合博満　18歳の原点　彼は突如失踪し都内をさまよった
「乃木坂って、どこ?」誕生まで
女子大生誘拐殺人事件

Special Topics 2　174
ラジオを愛し、地元から文化を
発信し続けたプロデューサー

第3章 時代を彩った番組・イベント

第3章 時代を彩った番組・イベント …… 181
CBCテレビ・CBCラジオ
中京テレビ／東海テレビ
メ～テレ／テレビ愛知
岐阜放送／三重テレビ
TOKAI RADIO／FM AICHI
ZIP-FM／中日新聞／中部経済新聞
日本経済新聞名古屋支社／読売新聞中部支社
毎日新聞中部本社／朝日新聞名古屋本社

Special Topics 3 …… 228
キユーピー3分クッキング
家族の記憶に残る
「家庭料理」の味を届けて60年

第4章 新聞報の70年 …… 231
『新聞報』の古希を寿ぐ会心の記念号
狩猟者の眼差しで「書きたいことを書く」
寄光が最後まで貫いた新聞業界紙の自負と誇り
「新聞の儲けは紙面に還元しなくては」が持論
恨みは深し伊勢湾台風
1000枚の帯封を毎号手書きした妻の支え
東海地方に根付いた業界発展と支援掲げる
業界関係者から一目置かれる存在感
しっかりと引き継がれたバトン
譲渡金なしで始動した新生・新聞報
編集畑出身ならではの感性光る紙面づくり
ニュースの中にニュースを見つけるのが業界紙
インフルエンザにかからないよう細心の注意を払う
抗えぬデジタル化の波をどう迎え、どう乗るか
人と人とのつながりを改めて痛感

あとがき …… 277

1

マスコミ業界の70年

「新聞報」の見出しとともに、
東海地方のマスコミ業界の 70 年を振り返ります

『新聞報』の紙面で振り返る東海地方のマスコミ業界

「新聞記事は歴史書の最初の草稿だ」——。2018年に公開された米国映画『ペンタゴン・ペーパーズ　最高機密文書』のヤマ場で主人公がつぶやく印象的なセリフである。ベトナム戦争に関する米国国防総省（ペンタゴン）の最高機密文書の詳細を暴露しようとする新聞社と、それを阻止しようとする政府、掲載に向けて奔走する記者や制作現場の人々の様子を緊迫感のあるドキュメンタリータッチで描いた佳品だ。

冒頭の「新聞記事は〜」は一つ間違えれば、政府の力で会社を潰され、全社員を路頭に迷わせることになるかもしれぬ重い責任を負ったワシントン・ポストの社主キャサリン・グラハムが編集主幹ベン・ブラッドリーに語り掛ける場面の気迫に満ちた一言だ。権力と対峙する新聞社の良心と、その社会的な使命に寄せる社主の気持ちが込められている。

この言葉は、新聞の果たす役割を的確に言い得ているともいえるだろう。歴史は初めから歴史という塊で存在しているのではない。きょうは昨日の続きであり、明日へと続く。人々の日々の営みの積み重ねが長い長い時を経て歴史として定まる。

そう考えると、歴史は新聞という媒体とそこに載せられた一つ一つの記事によって形づくられる面があるともいえる。それこそが新聞に課せられた働きの一つではないだろうか。

新聞の役割は時の今昔や洋の東西、規模の大小を越えて変わらぬはずだ。

創刊70年の歴史を刻む『新聞報』は創業者、寄光勇の志を今に引き継ぎ、東海地方に根差したマスコミ業界の動きを仔細に伝える媒体として数え切れぬ読者に親しまれ、支えられてきた。事業規模は無論、ワシントン・ポスト紙に比べるべくもないが、現在の新聞報を預かる菅沼東平（すがぬま・とうへい）の心意気は決して見劣りすることはない。ワシントン・ポストが今日も歴史書の最初の草稿となる記事を送り出しているように、新聞報もまた、東海地方のマスコミ業界史の草稿となるであろう記事を世に送り続けている。

同紙がこれまで報道してきた、あまたの記事の中から概ね10年ごとの流れを東海地方のマスコミ業界の動きに触れながら振り返ってみよう。

新聞報創刊70周年記念号

【出典】年表の項目は、発行時の新聞報の見出しから転載

1953年	2月	新聞報第一号を発刊、タブロイド2ページ、旬刊紙として発足
1958年	12月	東海テレビ放送が本放送を開始
1959年	4月	新聞定価改定、主要新聞朝夕セット一か月三九〇円へ
	9月	伊勢湾台風。マスコミ関係からも多くの被災者が続出、新聞報も事務所住宅（名古屋市南区）の水没で三回休刊
	11月	東海ラジオ放送（近畿東海放送とラジオ東海の合併）が創立総会をあげる。初代社長に安保正敏氏が就任、四月一日から放送開始
		岐阜タイムズ社が社名を岐阜日日新聞社に改称
1960年	9月	朝日新聞名古屋本社が案内広告の近畿広告一手扱いを廃止、全代理店へオープン
		岐阜民友新聞（藤田清雄代表）発刊
	11月	北陸中日新聞発刊
		近畿広告が社名を「大広」に改称
1961年	5月	読売が高岡で現地印刷開始
		読売が名古屋で土地を購入、緊張を呼ぶ。土地は朝日新聞名古屋本社近くの六五〇坪（当時の読売新聞中部支社）
	8月	中京テレビ放送（現・名古屋放送=愛称メ～テレ）創立総会

	11月	中京テレビの社名を「名古屋放送」に改称
	12月	三晃社、ニールセン社と提携・調印
1962年	4月	名古屋放送が開局
	5月	名古屋タイムズと中部経済新聞両社合併の話、ご破算と決まる
		中日が「社主制」を決め、大島一郎、小山龍三両代表取締役を社主に決定
	6月	名古屋広告業者協議会創立総会
	8月	中経ビル完工
	12月	大広名古屋支社の案内広告部を分離、株式会社大広案内広告社として発足
		ラジオ岐阜（現・岐阜放送）開局

タブロイド判2ページの体裁で産声をあげた『新聞報』

昔話をするときには「○○年代」とか「○○時代」などと区切ると話を進めやすい。話し手と聞き手とが同じ舞台に立てるからだ。舞台上では互いを「同じ時代を生きた人」として確かめ合える。世の中で起きた出来事や流行などの共有にも役立つ。

ある時代を年単位で区切るとき、日本では西暦か元号を選べる。たまたま、1926年が昭和元年であったため、西暦と元号とは「25」の足し引きでそれぞれを互換することができる。従って「日本初のオリンピックは1964年=昭和39年に開かれた」などと言い表すことが可能だ。この原理を利用して、自分の年齢を換算した昭和生まれは少なくないだろう。

戦後日本を代表する大きなイベントである日本万国博覧会（大阪万博）は1970（昭和45）年に開かれた。「1970」と「昭和45」をセットで記憶している世代もあるはずだ。しかし、改めてこの字面に目を凝らすと、西暦と元号の関係が必ずしもしっくりしないことに気づく。どういうことか。

西暦と昭和は「25」で行き来できるが、10年単位で区切ろうとすると「5年」の差が生じる。例えば、1970年代（79年までの10年間）は昭和で表すと45年から54年にあたる。逆に、昭和40年代は西暦では1965〜1974年を指す。

西暦と元号、そして10年の区切り方に長い説明を費やしたのは、これから綴る年譜が変則的であるためだ。本稿をはじめとする章立ては新聞業界紙『新聞報』の創刊年から数えて10年ごとのまとまりで綴られる。

このため、一般的な「19〇〇年代」や「昭和〇〇年代」ではなく「1953〜1962（昭和28〜37）年」に始まる「新聞報単位」を一つの尺度として用いていることをあらかじめお断りしておきたい。

同業紙で唯一、名古屋発行の『新聞報』創刊

1953年から始まる「新聞報単位」の10年間で、東海地方のマスコミにとって最も重要な出来事は『新聞報』の誕生だろう。便宜上「東海地方の」と書いたが、もちろん、その存在感は全国津々浦々の業界関係者に広く知られている。

別章の「新聞報の歴史」で詳しく触れているが、国内の業界紙として創刊以来、唯一、名古屋で発行されている『新聞報』はタブロイド判2ページ両面印刷の旬刊紙として1953（昭和28）年2月5日に産声をあげた。

創業者、寄光勇は「創刊30周年記念号」（1983年2月15日付）のコラムで「（発刊した）

昭和二十八年といえば、新聞界もまた雪解けの季節だった。販売面では共販という戦争の遺物が崩れて、各地に専売の火の手があがった。一方、用紙事情の見通しも段々明るくなって広告界は増頁の気構えに活気づく。民放界もラジオが開局三年にして確固たる基盤に乗り、やがてテレビ時代への足音も高鳴り始める頃だった」と述懐している。

新聞報の主なフィールドである新聞界はもちろん、放送界、広告界にも目を配り、創刊当時の各業界の状況を要領よくまとめている。

1956年度の『経済白書』で用いられ、流行語にもなった「もはや戦後ではない」は実質国民総生産（GNP）が前年に戦前の水準を超えたことを踏まえている。この言葉が示すように、昭和30年代初頭は高度経済成長に向けて日本中が助走を始めた時期であった。寄光の言葉を裏付けるように、創刊から10年目までの区切りでは、放送界の動向を伝える記事が紙面をしばしばにぎわせている。

戦中の統制が外れてイキイキと動き出した放送界に送る寄光の視線は熱い。当時の放送界の状況は、ちょうど、WEBを活用した多種多様のオンライン番組やSNSをベースとするさまざまな媒体が既存業界に活力と刺激を与えている姿に似ているかもしれない。

CBCが日本初の民間ラジオとして本放送を開始

新聞報の創刊から遡ること2年の1951年9月1日、中部日本放送（CBC）が日本初の民間放送としてラジオの本放送を開始した。国内では事実上、日本放送協会（NHK）が独占していた放送事業に民間放送という新たな窓を開けたという点で意義深い出来事といえるだろう。ラジオに次いで、1956年にはテレビ放送も始めた。

CBCはその呼称が示すように中部日本新聞（現・中日新聞）が中部地区の財界を巻き込んで設立にこぎ着けた。創立のための事務局には中日新聞社のほか、名古屋商工会議所の主力企業である名古屋鉄道、中部電力、東海銀行（現・三菱UFJ銀行）、松坂屋（現・Jフロントリテイリング）、東邦瓦斯（ガス）、豊田自動織機が顔を揃えた。

前記のうち、中日新聞と豊田自動織機を除く5社はかつて「五摂家《ごせっけ》」と呼ばれた、代表的な名門企業の集まりである。鎌倉時代以降に摂政や関白職に就いた5つの公家に由来する五摂家は商工会議所会頭をはじめとする中部財界の主要ポストを持ち回りで押さえるなど、バブル期以前の名古屋財界で圧倒的な力を有していた。

この顔ぶれだけを見ても、CBCに寄せる地元財界の期待の大きさが分かるだろう。初代社長には松坂屋の副社長であった佐々部晩穂が就任した。その後、2013年4月1日にラジオ部門が「CBCラジオ」、2014年4月1日にはテレビ部門が「CBCテレビ」にそれぞれ分社化されている。

新聞報創刊5年後の1958年2月1日には東海テレビ放送が設立されている。既存の近畿東海放送（旧・ラジオ三重、三重県）とラジオ東海（旧・岐阜放送、岐阜県）が共同で設立した「新東海テレビ放送」を2月17日に商号変更した。同年12月25日に本放送を開始。中京圏ではCBCに次ぐ民間テレビ局となった。同社の設立に関わった近畿東海放送とラジオ東海は1959年11月20日対等合併し「東海ラジオ放送」となった。

東海テレビはフジテレビ系列となり、関西テレビ、九州朝日放送と共にネットワークを結んだ。しかし、1962年の名古屋テレビ放送開局（後述）に伴い、フジテレビの系列色を鮮明にした。この動きに合わせて、朝日新聞や毎日新聞から受けていたニュースを中日新聞協力のニュースに一元化した。

設立の経緯から東海ラジオと東海テレビは親子の関係であったが、2005年に株式の一部を中日新聞に売却したことにより、関連会社となった。

寄光のコラムで触れられているように、この時期には民間放送を担う事業会社の設立や本放送開始が全国的に相次いだ。多くは地域の有力新聞社が事業の一部門として運営したり、ニュースの配信元として関わりを持ったりした。

キー局と呼ばれる在京民放各社がそれぞれ有力全国紙と強いつながりを保っているように、東海地方を本拠とする中日新聞はCBCや東海テレビ・ラジオをはじめ、東海地方の放送局と深く関わっている。

1959年11月24日には中京テレビ放送（現・名古屋テレビ放送＝メ〜テレ。現在の中京テレビ放送とは別会社）がテレビ放送局の免許を申請。1961年9月6日に会社を設立した。その上で、1962年3月13日に名古屋放送（略称・NBN）に改称した。

当初から日本テレビと日本教育テレビ（現・テレビ朝日）のクロスネット局として独自路線を歩む。後年、関係者の話し合いで、複雑なネット状況は解消され、テレビ朝日の系列局として存在感を示すが、現在も上位株主には読売新聞東京本社（10・0％）、日本テレビ放送網（5・62％）が名を連ねる。ちなみに筆頭株主はトヨタ自動車である。

東海地方に深刻な打撃与えた伊勢湾台風

高度経済成長を促した原動力の一つは旺盛な設備投資に支えられた製造業の活況である。その牽引役を担ったのは後年、日米貿易摩擦を生じさせるほど力をつけた自動車産業であった。簡単な数字で示してみよう。

1955年に6万9000台であった四輪車生産台数は1959年に26万3000台へと急増。わずか4年で19万4000台増、約3・8倍の伸びである。このうち、乗用車は2万台から7万9000台に増え、モータリゼーションの到来を予感させた。

トヨタ自動車が満を持して「トヨペット・クラウン」を発表したのは1955年1月。翌年4月には月産3000台に達したという記録がある。同社に部品を納める鋳物工場の中には、急増する需要に追い付けず、トヨタ自動車に銑鉄や再生鉄、故鉄などを供給してもらって生産を続ける協力会社もあった。

それでも足りないときは不要となった手持ちの鋳物や粗形材などを充てて、急場をしのぐ有様であった。こうした自動車業界の動きを辿るだけでも、戦後10年を経て徐々に回復してきた日本の底堅い経済力をうかがい知ることができる。


ところが、ようやく高度経済成長の兆しが見え始めた1959年9月26日、こうしたムードを一気に帳消しにするような未曽有の災害が東海地方を襲った。後に伊勢湾台風と呼ばれる台風15号である。

この台風は発生時から超大型の勢力を保ちながら、本州に向かって一直線に速い速度で進んだ。しかも、なんら勢力を減ずることなく中心気圧925・5ヘクトパスカルという空前絶後の熾烈なエネルギーで和歌山県の潮岬西に上陸した。

台風は上陸後、奈良、三重の県境から本州を縦断して日本海に抜けた。しかし、このコースは東海地方にとって最悪であった。過ぎ去ってみれば、名古屋市南部をはじめ、各地に爪痕を残し、死者・行方不明者5089人という惨状をもたらした。伊勢湾を望む海岸堤防が決壊した地域では押し寄せた海水が一帯を一夜で「海原」にした。

名古屋市南区に本社を置いていた新聞報社も被災し、3回の休刊を余儀なくされた（4章の「新聞報の70年」で詳述）。

名古屋駅から西に向かう国鉄（現・JR）関西線、近鉄名古屋線、名鉄津島線などが通る海抜ゼロメートル地域では、レールから外れて浮いた枕木を組んだ急ごしらえのイカダが「水上生活」の移動手段として重宝された。上空では被災した人たちを尾張北部方面へ避難させるために陸上自衛隊のヘリコプターが爆音を立てながら忙しく行き交った。

中日新聞は9月26日付の夕刊1面トップで「台風15号　東海をめざす／今夜半は大荒れか」と警鐘を鳴らしている。翌27日付朝刊では「猛台風15号　中部一帯に大被害／死傷五百、不明百三十」の見出しで惨状を倒壊したアパートの写真と共に報道。同日には「台風15号の被害ますます広がる／半田で三百人水死か」の号外を出した。

それ以降も朝夕刊で「大災害もたらした台風15号／死傷、不明すでに五千余人」「手のつけられぬこの惨状／泥海に救い求める声」「台風被害さらに増大／海岸地区の増水続く」と連日、精力的な報道を続けた。この時点ではまだ「伊勢湾台風」とは呼ばれていない。

中日新聞社の社史によると、同社は東京、大阪両支社をはじめ、地方各支局を挙げて災害地救援の運動を展開。愛の義援金3億6800余万円、物品7600余件という、義援金募集史上空前の金額と数量が各方面から集まり、称賛、注目されたという。

同規模の台風が来ると分かっていれば、現在はかなり早い時期から報道機関やSNS（交流サイト）などが警戒情報を発し、市民に身の安全を守るよう呼びかける。しかし、伊勢湾台風が襲来した1959年当時はNHKとCBC、東海テレビ放送しかない。奇しくも、東海ラジオ放送名古屋局の予備免許が下りたのは台風上陸と同じ9月26日であった。

当時は被災者のほとんどがリアルタイムで情報を得る手段を持たず、報道を担う放送局も設備、人材の両面で十分な体制を整えているとは言い難かった。新聞社も含め、報道に関わる仕事に従事しながら被災した人も少なくない。

復興後、被災地の役場や小学校、商店街の大きな店の壁面には浸水時の水位を示す、白と青で塗り分けたスキー板のような横板が貼り付けられた。

各社各様の購読料金値上げ対応

新聞報創刊の翌1954年2月、中日新聞は姉妹紙『中日スポーツ』を発刊した。その思いが通じたのか、中日ドラゴンズはこの年、セ・リーグで優勝し、日本シリーズでもパ・リーグの覇者、西鉄ライオンズを下し、日本一に輝いた。しかし、次のリーグ優勝までには20年の時を待たねばならなかった。

半年後に未曽有の台風に見舞われることなど誰も想像していない1959年春、主要新聞各社は購読料金を11月に値上げすることを相次いで明らかにした。

この値上げは紙面を16ページに増やすことが端緒である。寄光が前出コラムで「用紙事情の見通しも段々明るくなって広告界は増頁の気構えに活気づく」と指摘したように、この値上げは増ページ分に見合う用紙調達ができるようになったことを物語っている。

値上げは早い時期から噂され、水面下での調整が続けられていた。発表が遅れたのは、増ページをまかなうための広告の扱いが焦点となり、朝夕刊の建てページをどう分けるかの落としどころ探しに各社とも時間を要していたためとされる。

それまでの購読料金は朝夕刊セットで330円だった。増ページは読者に一挙60円という負担を強いる。60円は当時のコーヒー1杯分の価格に匹敵する。現在の物価にスライドさせると

500円見当になるだろう。それだけに、各社とも発表には慎重を期していた。

社告だけで一方的に通告する新聞社がある一方、解説記事で値上げの根拠を詳しく掲げる新聞社も少なくなかった。こうした中、新聞報では朝日新聞の発表態度を「最も良心的」と評価。中日新聞に対しても「低姿勢に好感」と報じた。

朝日新聞は「四月から十六ページ制（凸版見出し）／ニュース面拡充／八ページの日曜版／購読料値上げ」との4段社告を1面の中央に置き、読者の目を惹かせた。一方、中日新聞は「16ページで紙面拡充（凸版見出し）／来月から購読料改定」という2段の社告を掲載。毎日新聞も「四月から本格増ページ（凸版見出し）／月ぎめ定価を三百九十円」の2段社告を掲げた。

朝日新聞は社告で「朝刊十＝月曜のみ八、夕刊六＝日曜のみ四」と16ページ制の建てページ内容を明記。日曜の朝刊は12ページのほかに8ページの「日曜版」を特集して20ページとすることを示した。さらに第3面で「購読料値上げと朝日新聞」と題する特集を組み「今度の企てで一日平均4ページずつ増加するが、これは一カ月にまとめると週刊雑誌六冊分に相当する」と説明。従って、60円分の値上げが決して不当でないことを訴えた。

1951年に朝夕刊セットで280円であった新聞購読料は、330円（1955年）↓390円（1959年）↓450円（1963年）↓580円（1966年）と概ね3年ごとに値上げされ、1973年半ばに1000円の壁を越えた。

増ページで余裕のできた広告枠を有効活用するためには広告代理店の力が欠かせない。こうした環境変化を捉えた動きを1960年10月25日付の新聞報が報じた。近畿広告が11月1日付で「大広」に社名変更するという2段の「ご挨拶」である。

社告風にまとめられた同記事によると「(前略)近年我国産業経済の著しい発展に伴い、広告業界も引続き活況を呈しつつある情勢下にあって、弊社の社業も御蔭様にて順調に進展の一途を辿っております(中略)広告代理業の使命を完全に果たし十分に関係方面の御期待に副い得るためには、組織機構の整備拡充、陣容の強化等弊社の将来に課せられるものの極めて多きことを痛感し日夜腐心している次第であります」とある。その答えの一つが今回の社名変更であったわけだ。

海を越えた大型提携も実現した。三晃社は1961年12月13日、テレビ視聴率調査に関する業務提携を米国A・Cニールセン社と結んだ。調印式は名古屋本社で両社首脳陣によって執り行われた。

新体制を整えた大広名古屋支社は、案内広告部門を分室に移して同業務の拡充強化を図ってきたが、さらなる飛躍を目指すため、同部門を分離し、1962年12月1日に大広案内広告社を発足させた。

1963年	4月	名タイが週刊紙「レジャータイムズ」を発刊
		名古屋市内の日経扱いを東京諸新聞中京管理所（鈴木耕作所長）から引き上げ、販売店（中日店）と直取り引き
		東別院の用地借り入れに名古屋放送が割り込み、読売一八〇〇坪、名古屋放送一二〇〇坪の地割りを決める
	6月	広報あいち（愛知県発行）の新聞広告化（八段）決まる
	10月	名古屋城域内三〇〇〇坪の中日新聞社屋建設用地決まる
		岐阜民友が廃刊、清算総会ひらく
		読売と名古屋放送が東別院土地借り入れに正式調印
	11月	中日新聞が東京新聞の再建に乗り出す
1964年	1月	朝日新聞社の役員改選総会で永井大三取締役（常務）が落選、「朝日新聞紙上最大の事件」として大きな話題を投げる
	2月	北国新聞が日曜夕刊廃止に踏み切る（2月9日から）
		東京新聞（中日新聞と提携）新社屋品川区に着工
	4月	専売の火の手燃え広がる。小牧に続いて岩倉・西春・布袋・小田井・宮田の五地区が専売に突入
	6月	石川県で北陸中日新聞社を中心とした新テレビ局「北陸中日テレビ」が免許を申請
	7月	九月から名古屋でテレビ視聴率の機械調査を実施するとビデオリサーチが説明会開く

年	月	出来事
	8月	東京─中日─京都三社が〝夢の超特急〟共同企画。各紙に賑わう国鉄新幹線広告（十月からの開業で）
	9月	中日にファクシミリ登場、国産機を開発導入、東京オリンピック報道戦からデビュー 新聞第四勢力陣のオリンピック報道体制――中日、道新、西日本および東京新聞の四紙が友好紙愛で鉄桶の布陣 東海銀行を背景？名古屋に第四のテレビ局申請――その名は中京テレビ（即ち現在の中京テレビ） 中部日本新聞社が明年元旦号から題号を「中日新聞」に改題すると発表
	10月	中日に「広告本部」が設置される。中日グループ五紙の広告調整機関、本部長は織田羊一郎常務に委嘱
	11月	名古屋地区の日本経済新聞が東京送りから大阪送りに変わる（十一月より）。〝中京版〟も新設
1965年	1月	電広社と名タイ広告社が合併、新「電広社」（小泉清社長）として発足 中日が「北陸中日新聞」の合併に本格的に動き出す
	3月	四月から日曜夕刊全廃 名タイ　創価学会の二紙を受託、三十万部を印刷発送（四月から） 株式会社「朝日サービス社」九月発足、名古屋市朝日会会員で設立
1966年	10月	第十九回新聞大会が名古屋（中日ビル）で開かれる
	11月	輪転機五台新設で、中部毎日が二十四頁刷り態勢へ

年	月	事項
1966年	11月	名古屋テレビが十二月五日からカラー放送と発表
	12月	中日が来年一月から「定年を五十六歳に延長」すると発表、新聞大手初の試み
1967年	1月	中日新聞は百四十二万部、名古屋朝日三十八万部と元旦部数快調 販売正常化の徹底で、中部地区協（委員長・寺尾博中日販売局次長）が全加盟店へお願い
	2月	中日が夕刊記事下広告の買い切りを撤廃。昭和二十六年、夕刊発刊当時から三晃、電通、大広の三社が買い切りを二月限りで撤廃
	3月	名古屋タイムズ社がインセッター導入、五月下旬から毎土曜特集
	8月	東京新聞の経営権を中日新聞社へ譲渡（十月一日を目標に）
	9月	譲渡価格は二十三億円（のれん三億円）、東京新聞譲受条件の全貌が明らかに
	10月	「電通から大広へ」朝日の東海三県版広告扱い切りかえ
	11月	〝名古屋に進出したとき読売は日本一の新聞〟――大阪読売の発刊十五周年記念大読売会祝賀会で
1968年	1月	東スポが名古屋進出、三月から〝中日スポーツ〟で
	2月	中京ユー・エッチ・エフTVの役員割り決まる。地元二十一、岐阜四、三重三、日経二。社長に鈴木享市氏、副社長に佐藤信之助氏ら決まる トノサマラーメンの広告がテレビから消える。メーカーの松永食品が経営不振で
	4月	中日新聞社与良ヱ氏（六〇）が急逝。日泰寺で社葬 社長に三浦秀文氏。与良社長死去に伴う中日首脳人事

	7月	二十日に第一波発射、八月中旬営業放送へ、Uの一番打者〝岐阜テレビ〟中日が〝岐阜PR版〟、毎月一回、十四万世帯全戸に配達、広告は岐阜全通買い切り
1969年	4月	中京テレビ本放送開始
	6月	毎日新聞中部本社が二十四ページ一連同時印刷。朝刊を試刷り
	8月	中日新聞社が新社屋着工（地上七階、地下四階、四十六年九月一日完工）
	10月	読売新聞社社主・正力松太郎氏が九日、熱海市で死去
1970年	7月	中日高速オフセット印刷の新社屋完工
	11月	中日新聞が東京・日比谷に「日比谷中日ビルディング」を建設
1971年	2月	岐阜日日新聞、岐阜放送の社長に杉山幹夫氏が就任
	4月	中日グループと競合紙が購読料改定に自重
	5月	中部日本新聞社は九月一日から社名を「中日新聞社」に変更
1972年	5月	読売、中京進出本決まり、五十年一月発行か 民放初の「中国」単独取材。名古屋放送に入国許可
	9月	広告協会の社団法人化第三号として社団法人「愛知広告協会」発足
	12月	中日新聞が二月から浜松市で「中日ショッパー」発行 名古屋タイムズ一月から「日曜版」をタブロイド版に

東京五輪と大阪万博の成功目指して活気づいた戦後経済

創刊11周年から20周年にかけての10年間は東京オリンピック（１９６４年）、日本万国博覧会（大阪万博、１９７０年）という2つの大きなイベントを契機として、日本の戦後経済を活気づかせた。特にオリンピックには、計画されながら幻に終わった１９４０年大会のリベンジとして大きな期待が寄せられた。

戦後19年目の開催は日本の復興と、経済的発展を世界に披露する上でも絶好の機会であった。神武景気（１９５４年12月～１９５７年6月）で弾みをつけた、わが国の高度経済成長は、いざなぎ景気（１９６５年10月～１９７０年7月）でピークに達する。

この期間には旺盛な消費購買意欲に促された三種の神器（テレビ、冷蔵庫、洗濯機）や、それに続く3C（クルマ、クーラー、カラーテレビ）が好景気の象徴として一般家庭に普及した。三種の神器も3Cも、クルマを除いてすべて家電製品である。それらは国民が豊かな暮らしを実感するための必須アイテムであった。

家電製品は大手メーカーの系列下で、メーカーの社名やブランド名を冠した「〇〇ショップ」「〇〇ストア」などと呼ばれる個人営業の専売店ばかりでなく、１９６０年前後に誕生した量販店の家電売り場で求められることも多かった。

量販店の雄、ダイエーは「よい品をどんどん安く」という分かりやすいメッセージを旗印に掲げた「主婦の店ダイエー薬局」を母体とし、創業者中内功の強烈なカリスマ性と相まって急成長した。販売力の大きさに裏付けられた価格決定権を手中に収め、時にはメーカーを脅かす存在となった。

ダイエーをはじめとする量販店の商法やビジネススタイルは「流通革命」と呼ばれた。1970年には後発でありながら、300年の伝統を誇る老舗百貨店、三越を抜き、小売店としては日本一の売上高を確保。同時期にはジャスコ（現・イオン）やイトーヨーカドーなど、全国に店舗網を張り巡らせる同業者が現れ、小売業の主流となった。

量販店は「量」を「販売する」という名の通り、大量生産を背景とする大量販売によって大量消費に応えるビジネスモデルである。根底には、高度経済成長というメカニズムが潜んでいた。

景気が良くなれば給料が増える。給料が増えれば可処分所得の割合も増え、購買意欲の高まりに応じて、物が売れる。物が売れれば生産量が増える。

生産量が増えれば製造業が潤う。潤えばさらなる増産のために設備投資をする。設備投資して会社が潤えば従業員の給料が上がる。給料が上がれば……という好循環が生まれる。

高度経済成長は、そうした景気循環を促した。その循環は「〇〇景気」と名付けられ、経済活動を連続的に支えた。この10年間で国民の多くを「もっと豊かになれる」と思わせるのに大きな役割を果たしたのが東京オリンピックと大阪万博であった。

これらは関連する建物や施設の建設に関わる業界ばかりでなく、東海道新幹線の開業、首都高速道路の開通、大阪市内の交通網の整備といった周辺のインフラを担う業界も潤した。いずれも、幅広い分野に大きな波及効果をもつ大事業である。首都圏や関西圏に限らず、直接的または間接的に、2つのイベントに関わっていた人は広範に及んだ。

当時の国民の多くは老若男女を問わず、2つのイベントが誘《いざな》う高揚感に酔いしれていたように思われる。

ビートルズ公演の主催者に名を連ねていたCBC

東京オリンピック開催直前の1964年7月、ビデオリサーチは名古屋地区でテレビ視聴率を機械調査するための説明会を開いた。「視聴率」という耳慣れぬ言葉をいぶかしく感じる関係者もいたが、やがて、そのシステムは集計された数字によって、番組制作者や広告代理店を一喜一憂させる力を蓄えていく。好調な視聴率によってゴールデンアワーを席巻した番組があれば、低迷を理由に終了予定を待たず打ち切られる番組もあった。

1967年11月1日、名古屋民放テレビ4局目として免許申請していた中京テレビ放送に予備免許が交付された。1968年3月1日に中京ユー・エッチ・エフテレビ放送株式会社が設立。社名の「ユー・エッチ・エフ」は送信にUHF波を用いていたことに由来する。

視聴するにはUHFコンバーターという装置をテレビ受像機に外付けしなければならなかった。当時出回っていた受像機はVHF専用であったからだ。名古屋地区では空きチャンネルの「2」にダイヤルを合わせ、コンバーターの「35」を選ぶ手順を要した。

開局は1969年4月1日で、名古屋テレビと同様、日本テレビ系列とNETテレビ系列のクロスネット局として運営された。大阪の讀賣テレビ放送、毎日放送、東京12チャンネル(現・テレビ東京)ともネットする複雑な編成であった。

大阪万博が開かれている1970年4月1日、中京テレビ放送株式会社に社名変更した。

この年に公開された米国映画『ある愛の詩』はアカデミー作曲賞を受賞したフランシス・レイの主題歌と共に、日本でも大ヒットした。主人公のオリバー・バレットは交際中のジェニーから「好きなもの」として「モーツァルト、バッハ、ビートルズ」に次いで自分の名前を告げられる。

どういう順番か質すオリバーにジェニーは「アルファベット順よ」と微笑んではぐらかす。

しかし、名前ならモーツァルトの後になるし、名字だったらバッハとビートルズの間になる。理由はどうあれ、一番になれなかったことがオリバーには面白くない。

オリバーの対抗心に火をつけ、世代を超えて、今なお世界中に根強いファンをもつビートルズの日本公演は1966年6月30日から7月2日にかけて東京・日本武道館で行われた。主催は読売新聞社とCBCである。公演の放映権は当然のように読売新聞系の日本テレビが獲得した。

東京公演の主催者に読売新聞社と同格で、名古屋のCBCが名を連ねることができた理由には諸説あるが、当時打診された全国のマスコミ各社の中で、潤沢な外貨を持っていたからだというのが有力である。

ビートルズ側への支払いはドル建てであるため、ギャラをドルのキャッシュで用意できる企業であることが条件とされたからだ。ビートルズ以前にも著名な海外オーケストラを招聘していたという実績も高評価につながったとされる。

1972年5月、名古屋放送に中国の単独取材が許された。民放初の快挙で、同年9月に結ばれた日中国交正常化よりも前の出来事である。中国側の心証を高めたのは1971年3月に名古屋の愛知県体育館で催された「第31回世界卓球選手権大会」の取材を通じてであった。

大会終了後に中国と欧米各国間の交流が盛んになり、後に「ピンポン外交」と呼ばれるムーブメントを起こした。日本との関係では、日中共同声明を踏まえた日中国交正常化を導いている。

イベント報道に投入された最新システム

1963年11月、中日新聞は東京新聞の経営に業務提携の形で参加することを表明。1884年に東京・京橋で誕生した『今日《こんにち》新聞』を母体とする老舗新聞の再建に乗り出した。1967年10月、東京新聞は中日新聞に事業を譲渡。『東京新聞』は関東地方における中日グループの主力紙として再始動した。

1964年の東海道新幹線開業に伴い、東京・中日・京都の3紙が連携し「夢の超特急共同企画」を始めた。「ビジネス特急」と称された「こだま号」が東京―大阪間を約6時間30分で結んでいたのに対し、新幹線は東京―新大阪間を約4時間で疾走した。

2時間30分余りの時間短縮ばかりでなく、ビュッフェという言葉を広めた車内飲食施設や5列の座席配置など、従来の列車にはない新機軸を導入した新幹線を大いなる憧れの気持ちで人々は「夢の超特急」と呼んだ。現在もその手法が生きている、広範なキャンペーン記事の一種であった。

同じ年に開かれた東京オリンピック関連では、中日新聞が国産の新型ファクシミリを導入し、連日の報道に活用した。今日のようなＩＴが普及するはるか以前の新聞業界では、遠隔地との紙面情報のやり取りはファクシミリが担っていた。

一般的に、スポーツをはじめとする国際的なイベントは、開催のたびに報道のための機材やシステムの進化を促す。秒を競う激しい動きをわずかな光量でも確実に静止させる機能を備えたカメラや彼方の事物を手前にグッと引き寄せる超々望遠レンズ、衛星を介した中継システムなど、読者や視聴者の気づかぬところで文明は着実に発展してきた。

１９６５年2月、中日新聞は東海テレビで『中日テレビ夕刊』をスタートした。段階的に進めてきた日曜夕刊の休刊を全面的に取り入れ、完全に廃止したことに伴う措置。メディアミックスという言葉はなかったが、同系列とはいえ、新聞社と放送局が連携する報道の先駆けとなった。２００５年に北陸地方の石川テレビ、翌年に富山テレビでも放映されるようになった。

１９７５年の出来事を取り上げる別項で詳述するが、この10年の「新聞報単位」で記録にとどめるべき動きが芽生え始めていた。『読売新聞』名古屋地区進出の本決まりである。

現在、名古屋テレビ放送が本社屋を置く名古屋市中区の土地は、真宗大谷派名古屋別院（東別院）の所有地である。この土地は名古屋進出を検討していた読売新聞が東別院から借り受けて社屋を建設する計画をしていたものだ。読売新聞は現在も名古屋テレビ放送の上位株主である。

従来、この地方で読売新聞を読もうとすれば、東京本社が東海3県向けに編集した中京版を手に入れるしかなかった。しかし、発行部数が限定的であるため、その存在を知らぬ人の方が圧倒的に多かった。それだけに、東別院の土地借り受けに読売新聞が乗り出したことは既存各紙に対する一種の「宣戦布告」と捉えられた。

読者数という限られたパイをめぐる新参者の登場は既存各紙の部数減につながることを意味した。端的に言えば、この進出計画は、プロ野球球団「中日ドラゴンズ」を擁する中日新聞の牙城に読売ジャイアンツの親会社である読売新聞が挑む様相を帯びていた。

さだまさしらを「全国区」に押し上げた深夜放送の力

NHKが現在、ラジオ第1放送、FMラジオ放送、ラジオ国際放送で午後11時台から毎日生放送している『ラジオ深夜便』はシニア層のリスナーが多いことで知られる。約6時間の長丁場だが、夜遅く聴く、朝早く聴く、通して聴くなど、聴取者の楽しみ方はさまざまだ。その名の通り、深夜放送に区分されるが、放送開始は1990年4月と、この時間帯の番組としては後発である。

深夜帯に放送される番組という定義で「深夜放送」の歴史を遡ると、ＴＢＳラジオの前身であるラジオ東京が占領軍に狙いを定めて１９５２年４月１日に始めた『イングリッシュ・アワー』に行き着く。わずか５日後には文化放送が『Ｓ盤アワー』と題する洋楽紹介番組を始めた。

１９５９年には現在の『オールナイトニッポン』の原型となる番組が登場した。高度経済成長さなかの１９６５年には文化放送が若者に照準を合わせた番組をスタート。これまでにない斬新な編成を打ち出したこの番組が当たると、東京ばかりでなく、ほかの地域でも深夜放送枠の新番組が続々と生まれた。

受験生や夜通し働く労働者など、深夜放送を支持する層が増えていたことも深夜放送の参入を促した。各放送局が深夜放送に力を入れたのは経営上の都合であったという説もある。当時ラジオのみの所有者は建前として「ラジオ受信料」を支払わねばならなかった。しかし、テレビの普及によるラジオ受信契約数の減少は、民間ラジオ局の経営に影を落とした。その状況を好転させるために打ち出された策の一つが深夜放送番組の導入であった。

１９６８年にラジオ受信料が撤廃されるとラジオ放送各局の番組作りはさらに自由度を高めた。この年３月、東海ラジオは『ミッドナイト東海』をスタートさせている。地元で活躍する俳優、天野鎮雄と男女二人の局アナが月曜から土曜を２日ずつ担当した。後に降板する男性アナウンサーの代役として白羽の矢を立てられたのが森本レオである。

番組は1983年8月で終了したが、パーソナリティとして起用された東西のタレントが飛躍したり、新境地を開いたりすることも珍しくなかった。1974年ごろ、フォークデュオ、グレープの『精霊流し』を局アナの蟹江篤子は担当曜日に流し続けた。まだ無名だった彼らはこれを機にじわじわと知られるようになる。まさに、一つの番組の一人の担当者が「グレープ」のさだまさしと吉田正美を全国区に押し上げる格好となった。

『ミッドナイト東海』が若者の支持を受けると、CBCは1970年4月から『CBCビップ&ビップス』で深夜枠に挑んだ。1967年に開始した『CBCヤングリクエスト』と1969年に開始した『オールナイトCBC』との融合を目指した。後進の『CBCビップ・ヤング』は男性の局アナと地元で活躍する女性タレントが日替わりで担当。一時期は結婚前のフォークデュオ、チェリッシュ（松崎好孝、松井悦子）も顔を揃えた。末期にはパーソナリティが各自の担当曜日の模様を再現したLPレコードを発売。ファンの集いなどを盛んに催した『ミッドナイト東海』との違いを際立たせた。

この10年間には、ローカル色豊かな放送局が相次いで開局している。1962年9月に岐阜日日新聞（現・岐阜新聞）の完全子会社として設立された「ラジオ岐阜」は同年12月24日にラジオ放送を開始。1968年8月にテレビ放送（岐阜テレビ）を始めるのに伴い、岐阜放送に改称した。

東海地方におけるラジオ・テレビ兼営民放局だった中部日本放送が2013年4月にCBCラジオを分社化したため、岐阜放送はこの地区唯一の兼営民放局となった。

1968年3月創立の「三重電波放送」は1969年5月26日に「三重テレビ放送」と改称。同年12月1日に開局した。同業の東海テレビ、中日新聞の資本提携局である。こうした関係から、ローカル局であるにもかかわらず、中日ドラゴンズの主催試合を東海テレビの協力で放送している。筆頭株主はナゴヤドームである。

1968年9月「中京文化放送」名で免許申請し、1969年5月に創立した「愛知音楽放送」は後に社名を「愛知音楽エフエム放送」に変更。同年12月24日、営利事業者による日本で初めての民間FM放送局として開局した。1974年6月に社名を現在の「エフエム愛知」に改めた。

民間FM局第一号を「FM東海」（現・エフエム東京）とする説もあるが、FM東海は東海大学が設立した実験試験局であり、非営利であるため、エフエム愛知は「営利事業者による」との但し書き付きで最古とされている。

ハイジャック、三島由紀夫、あさま山荘

「人類の進歩と調和」をテーマに掲げ、1970年に開催された大阪万博は戦後の日本の復

興ぶりを世界に訴える格好の機会であり、海外の文化や魅力を日本に紹介する国際交流の場としても大きな役割を果たした。前年にアポロ11号が月面から持ち帰った「月の石」を展示したアメリカ館には連日、長蛇の列ができた。

マスコミ各社は新聞社も放送局も開催前から激しい報道合戦を展開。新聞は各パビリオンの見どころを満載した特集や趣向を凝らした連載記事で読者を惹きつけた。読売新聞は現地から毎日、一般読者向けにファクシミリで特別版を発行。放送局は在阪各社を中心に開会式や閉会式の生中継をはじめ、サテライトスタジオから連日、ミニ番組を流した。

平和の祭典が催される一方で、その開催日（3月15日）からおよそ半月後の31日、わが国初のハイジャック事件が起きた。共産主義者同盟赤軍派のグループによる「よど号ハイジャック事件」である。犯人グループは北朝鮮（朝鮮民主主義人民共和国）へ亡命するために、乗っ取った羽田空港発板付空港（現・福岡空港）行きの日本航空ＪＡ８３１５号機（よど号）で同国に向かうよう求めた。

給油などのため、板付空港と韓国・金浦国際空港に着陸したよど号は、4月3日北朝鮮・美林飛行場に到着。犯人グループは計画通り、亡命を果たした。この事件では山村新治郎運輸政務次官が人質の身代わりとして運航乗務員と共に北朝鮮に同行した。新聞やテレビはこの間の動きを連日報道した。

大阪万博が閉幕（9月13日）して2カ月余りを経た11月25日、作家、三島由紀夫は自ら主宰する「盾の会」のメンバー4人と東京・市谷駐屯地敷地内の東部方面総監部を訪れ、益田兼利総監を拘束した後、バルコニーで自衛官らに決起を訴えたが叶わず、部下の森田必勝と共に割腹自殺した。

ノーベル文学賞の候補に取りざたされるほど国際的にも高名な作家が起こした異様な事件として海外でも連日報道された。事件後も三島の行動や思想を学術的に解き明かすための試みがなされ、数多くの研究成果がまとめられている。よど号ハイジャック事件と同様、マスコミ各社はそれぞれの媒体の特性に応じてこの出来事を伝えた。

１９７０年代は〝政治の季節〟でもあった。とりわけ、学生運動に端を発するさまざまな動きは時に、社会不安を引き起こす火種となった。１９７２年2月19日、長野県軽井沢町にある河合楽器製作所の健康保険組合が所有する「あさま山荘」に連合赤軍のメンバー5人が管理人の妻を人質にして立てこもった。あさま山荘事件である。

最終的に人質は救出され、犯人は全員逮捕されるが、警察と犯人の攻防は事件解決の28日まで連日、テレビで生中継された。特に、人質を救出するための手段として強行された、巨大な鉄球による山荘の破壊風景や犯人が連行される模様は劇映画さながらの緊迫感で茶の間に流された。

ビデオリサーチ（関東地区調べ）によると、民放とNHKを合わせた視聴率は89・7％。28日のNHKの報道特別番組の視聴率は平均50・8％で、報道特別番組としては現在もその記録は破られていないという。

奇しくも1970年代に起きた事件を取り上げたが、共通するのはこのころからテレビやラジオによる長時間の生中継が報道手法として積極的に取り入れられるようになったことだ。生中継は放送の速報性をいかんなく発揮できる。それは視聴者の要望に応えることでもある。半面、当時の手法を現在の判断基準に照らすと、いわゆるコンプライアンスに対する意識は緩かったように思われる。

SNSの普及によって誰もが発信者になり、いつでもどこにでも拡散できるようになっている現在、報道のプロとして新聞社や放送局に課せられた使命は重い。

年	月	出来事
1973年	1月	10万部全戸無料配布、中日が東進出の一拠点として浜松ショッパーの宣伝開始
	3月	日本テレビと日本教育テレビの名古屋ネット体制確立の番組改編
	4月	中日、広告七千段突破（3月度）新記録を達成
	6月	名タイの3分割。印刷部門は名古屋タイムズ印刷（株）に、広告部門も8月から別会社（旧・総合広告）へ
	7月	博報堂と大広が提携の動き。当時の福井純一郎博報堂社長が仕掛け人と、一部日刊紙が報道
	8月	中日が〝ニュー・コミュニティ・ペーパー〟と銘打って「中日ファミリー」を発刊
		竹井博友氏（当時中部読売新聞社長）の代表名義で「名古屋高速印刷」の建築申請が出され「読売の中京進出確定」として話題呼ぶ
		北海タイムス、東京タイムス、名古屋タイムズ、夕刊フクニチの四社で「日本縦断新聞連合」を結成
	11月	電通の年間広告扱い高が米トンプソンを抜き「世界一」が確実。年間二千五百億円突破が確実視された
	12月	中日新聞社社長に加藤巳一郎氏が就任。三浦秀文前社長は代表取締役会長へ
		CBCテレビが初のゴールデン番組「連続ドラマ　度脳時代」（来年四月登場、全国24局ネット）の制作を開始
		オイル・ショックは用紙事情を悪化させ、中日サンデー版が臨時休刊。名タイは日曜版を一時休刊するなど広告スペースが次第に縮小
1974年	1月	朝日新聞が元旦部数「待望の七百万突破」発表

	中日新聞社が案内広告取り扱いの窓口を規制、千行未満の取り扱いは総合広告回しへ
2月	中京テレビが「新幹線公害」特集番組（三十分）を制作、三月二十日から全国26局ネットで放送
3月	名古屋タイムズ社に元サンケイ専務の中山了氏が顧問として入社。再建途上の「名タイに新風を吹き込む」
5月	愛知広告協会の会長に三宅重光氏（名古屋商工会議所会頭）
6月	博報堂の法人グループ化が始動、大阪本部と名古屋支社を独立法人に 「月曜は二ページに」中日新聞の地方版ワイド化。地域密着と地域広告開発拡充
7月	「全頁売りスタート、中日が案内広告に積極策」を打ち出し、関係代理店の幹部、第一線社員ら三百人の招待パーティー、注目を浴びる 東海テレビ制作報道陣が十五日夜発生したハイジャックをＳＩＴカメラで千メートルの遠方から捉えたスクープ画面
8月	「中部読売新聞社」に名古屋高速印刷が社名を変更した 「幹部四、五名出す、紙面内容の主体は読売」中部読売との業務提携で読売新聞社が労組に説明 信濃毎日新聞が「名古屋支局を支社に昇格」
10月	「年内発刊の公算大、週刊誌や車内広告で中部読売が人材募集開始」「全社あげて応援！毎日の〝中部読〟対策、懇話会で幹部が強調」 博報堂は名古屋の法人化を延期して「名古屋本部」に昇格

年	月	出来事
1974年	10月	「一億円はゆうゆう突破」はドラゴンズ優勝の中日祝賀広告、本紙四百段、スポーツ五百段を埋める
		「経営陣が総辞職」毎日新聞経営不振の責任とる。各新聞が大きく報道
	11月	「三月二十五日創刊、十六頁建て朝刊・五百円、中部読売新聞本決まり」。「読者に悪影響！」「流石に読売だ！」は地元業界の表情
	12月	「名古屋に即売会社」が出現、名タイなど四新聞社が共同出資で設立した「株式会社名古屋即売」
		中部読売新聞社長竹井博友氏が、全国業界紙代表団を招いて、試運転版を披露、社内を案内して初めて覆面を脱ぐ
		CBCの〝灯の橋〟がTBSの〝真夜中のあいさつ〟とともにドラマ部門で芸術祭大賞に決まる。またドキュメンタリー部門で東海テレビの〝昭和四十九年春大沢村〟が同じく芸術祭大賞を受賞した
1975年	2月	「段当たり十万円程度」は、三月十三日発表を決めた中読の広告料金予想額。店造り、輸送体制などから推定
		「中部読売新聞の販売定価に独禁法違反の疑いあり」新聞協会が公取委へ報告。〝中読不当廉売事件〟の走り
	3月	中読事件に公取委が動き出し、読売・中読を立ち入り調査
		中読が広告料金を発表、朝・毎（名古屋版）よりも高く「購読料の安値カバー料金」として注目をひく
		「新聞界未曽有の波乱呼んで」「中部読売新聞 本日発刊」中京に四大紙時代
	4月	中読事件「真っ向から対立」＝読売・中読が「中日・朝日・毎日に独禁法容疑」ありとして公取委へ「逆申告」した

		「中部読売の購読料、八百十二円以下ではいけない」と公取委が東京高裁へ緊急停止命令を求めた
	5月	「中読は公取委の審結があるまで月極め八百十二円以下で販売してはいけない」と東京高裁が「緊急停止命令」
	8月	名タイが広告局を復活。「総合広告」から引き揚げる
	9月	中央道恵那山トンネルの開通で「南信地区に新聞革命?」が起こり、中日は二時間半の降版延長
		「九月現在二十四万三千九百二十八部」は中読が初めて発表した発行部数
	10月	中部日本放送がタイムカプセルを同社玄関前に埋設
1976年	1月	テレビ広告費が新聞を上回る――電通が五十年度の日本の総広告費を発表したもので、わが国に投下された年間広告費一兆二千三百四十八億円のうちテレビは四千百九十二億円、新聞四千八十二億円
	4月	公取委が「中読への折り込み広告妨害」で三重県の松阪地区十三販売店に排除勧告
1977年	1月	オイルショック以来ストップしていたマスコミ界の年賀行事が復活、名古屋でも電通年賀会、三晃社年始交歓会、愛知広告協会年賀会と相次いで開かれる
	4月	中日新聞社が新聞原稿の「画期的集配システム」を開発導入。(五十二年度新聞協会賞受賞)
	8月	中読が販売正常化宣言に協調、中止していた販売部数を公表、七月五日部数四十一万九千余部と発表
		毎日新聞社の発足に応えて「毎日新聞全国懇話会連合会」の設立総会を名古屋で開く
	11月	CBCテレビが全国の六局結んで、「ローカルニュース交換番組」を計画、″CBCワイドニュース″でテスト。民放界初の試み

1979年	1月	中読が二月二十二日から「報知スポーツ」発刊決める。
	2月	「二世紀へ勇躍進発　示せ我らが岐阜日魂」と、岐阜日日新聞創刊百周年記念大会 「来秋から名古屋印刷」日本経済新聞名古屋印刷が本決まり、東京本社および名古屋支社で業界紙記者団に発表
	6月	中日新聞社は「北陸進出第二弾」として七月から金沢で「中日スポーツの現地印刷」を決める
	8月	「これがラジオの総てだ　二十四時間生スーパーワイド」東海ラジオが創立二十周年記念特集
	9月	「読売が独占掲載！キッシンジャー回顧録」が二十四日から世界一国一紙同時スタート
1980年	4月	名古屋での日中バドミントン戦をCBCが衛星中継で中国へ。初の試み 「IBM方式導入」中日が六十年目途に全面CTS化へ
	9月	「読売社長　務台光雄氏に新聞文化賞」「世界最高の普及率と優れた紙面に貢献」 中日の新拠点「浜松工場が完成」十月九日から中日ショッパー印刷開始 「新聞作りに新時代　編集から組版までコンピューター」朝日が築地新社屋で開始 「お待たせしました」と日経名古屋印刷開始、二十五日から東海三県に新紙面
1981年	4月	中読の経営陣、更迭。竹井社長が突如退任　新社長に松本盛夫氏就任 中日　浜松印刷を公表。その名は東海本社（代表に谷口利夫氏）
	10月	「販売正常化で会見、家田中日常務と松本中読社長」中読創刊以来初会見として注目 幻の五輪特集抱え、増段行進足並み乱れる。名古屋五輪誘致失敗で在名五紙の九月度広告揺れる

1982年	
2月	中日、十四字体制を十五日から紙面の九割に
5月	鉛をついに追放　毎日中部本社。二年余かけてCTS完成
6月	中日新聞社　五十六年度決算　初の千億台へ
7月	テレビ愛知の免許申請　郵政省が受理で名古屋五番目の民放、来秋開局へ
11月	史上最高の68・5%は、ドラゴンズ優勝のナイターで記録した東海テレビの視聴率

2度にわたるオイルショックで終焉迎えた高度経済成長

１９７３年から１９８２年までの10年間は、戦後復興をバネとしてもたらされた空前の好景気から一転、それまでの高度経済成長にブレーキをかけ、狂乱物価を招いた。引き金となったのは１９７３年10月に起きた第一次オイルショックである。１バレル３ドルであった原油価格は瞬く間に11ドルに高騰した。

この影響で日本では１９７４年に前年比１・２％減という、戦後初のマイナス成長を記録。戦後から続いていた高度経済成長は終焉を迎えた。１９６０年代後半、平均10％を超えていた成長率は１９７４～１９９０年に平均４・２％まで落ち込んだ。

考えてみればそれは当然の成り行きであった。目覚ましい成長を遂げた日本の経済力は、エネルギーを大量消費することで支えられてきたからだ。その大元が変動すれば、少なからぬ影響がもたらされるのは火を見るよりも明らかだ。

第一次オイルショックには多分に国際的な政治要素が絡んでいるが、端的に言えば、イスラエルを支持する米国とオランダを敵国とみなしたアラブ産油国が原油の全面的な禁輸措置を取ったことに始まる。米国とオランダに近い日本もそれらに準ずるとされ、わが国への原油割り当ては急激に落ち込んだ。

「日本の石油会社は原油の輸入をほとんど米国と欧州の石油メジャーに頼っていた」ことも問題の解決を遅らせた。日本が誇る世界最大級の原油ターミナルであるＪＸ日鉱日石石油基地は東京ドーム40個分の敷地を構える。アラブ産油国からの輸入減少は、同基地の国内向け出荷を促した。１９７４年の年明け、ついに備蓄量が底をついた。

当時51基を数えた敷地内の原油タンクは、備蓄された油量によって上下する浮き屋根を採用していた。満タンであれば浮き屋根はタンクの高さまで押し上げられ、油量が減れば下降する。ついには、同基地を眼下に望む高台から目を凝らしても、すべてのタンクで屋根が確認できなかったという。屋根を浮かせるだけの原油が残っていなかったからだ。

原油輸入量の減少と産油国の原油値上げは国内で流通するガソリンや灯油など日常生活に深く関わる製品の価格を高騰させた。それらはさまざまな製造業の減産を招き、トイレットペーパーやティッシュなどの紙製品、砂糖や食用油といった生活必需品の品不足をもたらした。オイルショックによる買い占めや便乗値上げによる物不足は、小売店の店頭に商品を求める人をなだれ込ませる買いだめ騒動を各地で起こす引き金にもなった。

ＯＰＥＣ（石油輸出国機構）が１９７８年末以降、段階的に進めてきた大幅値上げや

１９７９年2月のイラン革命、その翌年9月のイラン・イラク戦争などの影響で引き起こされたのが第二次オイルショック（１９７９〜１９８０年）である。

１９７０年代の初めごろ、石油は日本の全エネルギー消費の7割を占めていたといわれる。日本がいかに石油に依存していたかを示す数字だ。既述のように、石油危機は１９５０年代から続いていた経済成長を鈍らせ、脱石油、省エネの推進というエネルギー政策の転換を促した。

中部読売新聞の参入で中京四大紙時代が到来

2度にわたるオイルショックは国民生活に直接的な影響を及ぼしただけでなく、石油由来製品以外の資材高騰といった形でマスコミ業界にも及んだ。

例えば、オイルショックが用紙事情を悪化させたことで、中日新聞は中日サンデー版の臨時休刊を断行し、名古屋タイムズも日曜版の一時休刊措置を講じた。報道機関ではないが、老舗の文藝春秋社が満を持して１９７４年6月に創刊した『文春文庫』は良質の用紙を確保できず、苦肉の策で電話帳に使う紙を用いていた。店頭で手に取ると、新刊であるにもかかわらず、長らく窓際に置かれたような薄い褐色系の用紙に印刷されていた。

この時期の台風の目となったのは読売新聞の進出であろう。１９７３年8月28日付『新聞報』は「読売の中京進出確定／朝日新聞南方の用地に／名古屋高速印刷竹井代表が建築申請」

の3本見出しを立てたトップ記事で、読売新聞の名古屋進出を報じた。8月2日に名古屋市役所へ出された名古屋高速印刷株式会社の建築許可申請を踏まえたものだ。

申請地は読売新聞が1961年5月に買収・登記した、旧愛知紡績工場の戦災跡地。新社屋の用途は報知新聞の委託印刷のためとされているが記事は「規模・構造からして報知新聞だけを印刷する社屋とは見られない。（中略）創刊百周年（四十九年十一月）は名古屋現地印刷開始！日本一の読売新聞の金字塔で飾ることになろう」と結ばれている。

実際の創刊日は1975年3月25日にずれ込むが、当日の『新聞報』は「中京に四大紙時代／中部読売新聞本日創刊／新聞界未曽有の波乱呼んで」として、この地域における新聞界の地殻変動の様子を伝えた。

前後するが、代表の竹井博友名で建築申請された「名古屋高速印刷」は1974年7月に「中部読売新聞社」と改称。名実共に読売新聞系の発行会社であることを明らかにした。この作戦は読売新聞が大阪進出するにあたって取ったのと同じ手法で、中心的に動いたのは竹井であった。

見出しで「未曽有の波乱」とされるのは、中部読売新聞が朝刊16ページ建て月ぎめ500円という購読料を打ち出したことだ。発刊前には「コーヒー3杯分（の値段）で新聞が読めます」という大々的なキャンペーンを打っていた。

これに対し、既存紙は一斉に反発。「ダンピングだ！」「差別対価だ！」「公取法違反だ！」と中部読売新聞の姿勢に疑問を呈した。新聞協会の動きは早かった。「中部読売新聞の五〇〇円販売に独禁法違反の疑いがある」として公正取引委員会へ報告することを決め、下部機構の新聞公正取引協議委員会名で報告書を提出した。

一方、読売新聞社と中部読売新聞社は「両社は全く別の法人であり、朝日・毎日および中日の三社こそ中部読売の新規参入を妨害するもの」と逆に公取委へ報告書を提出。公取は両社に立ち入り調査したものの、予定通り発刊当日を迎えた。

公取委が申し立てた緊急停止命令を受けた東京高等裁判所は4月30日に「公取委の審決があるまで月ぎめ812円を下回る価格で販売しない」との判断を示した。このため、中部読売新聞は5月分から812円に値上げせざるを得なかった。〝コーヒー3杯分〟で読めたのはほんのひとときであった。それでも、1700円（セット版）や1300円（統合版）で協調していた中日・朝日・毎日の各紙に比べれば、格段に安価であった。

一連の動きを「天が与えた好機」と捉えていた競合紙もあった。管内の販売店主らの集まりで販売部門の担当常務は「これはチャンスだ。向こうの手にのらず、神風と思って仕事をすればうまい方法もある。（中略）読売の発刊は、天が与えた飛躍へのチャンス、財産の増えるチャンスが来たのだ」と出席した販売店主らに檄を飛ばした。

日本経済新聞社は1980年9月5日、東京、大阪、福岡に次ぐ国内第4の製作拠点として名古屋支社の新社屋を竣工。同24日から名古屋での印刷を始めた。それまでの大阪本社印刷体制に比べて締切時間や配送体制が改善されたことにより、東海地方の読者はより鮮度の高い情報に触れられるようになった。当初は朝刊だけだったが、1989年4月以降、夕刊の印刷も始めた。

ほぼ同時期の1980年9月23日、朝日新聞は東京本社を有楽町から築地に移転。これを機に、編集から組版までコンピューターが担う新たな新聞製作に乗り出した。新聞製作にコンピューターを活用することは1967年からIBMと研究を重ねていたが、同じくIBMと連携していた日本経済新聞社が一足早く1978年3月に導入している。

朝日新聞は電算紙面編集の進化系として基本文字の拡大に着手。1981年7月から1段14字組制を取り入れた。かつて、新聞の文字組の大原則であった「1段15字」はこれを契機に崩れ、新聞各社の考えに応じて複数の文字組が考案された。

1キロ先のハイジャック犯を捉えた東海テレビのカメラ

1970年代以降、国内上空でハイジャック事件がしばしば起きた。この犯罪は1931年

2月にペルーの反政府組織が起こした事件が世界初とされる。日本では別項で取り上げた「よど号ハイジャック事件」（1970年3月）が初めてである。

飛行機を乗っ取るという、アクション映画さながらの、これまで馴染みのなかった欧米型の事件が日本でも起こるようになった。それは犯罪における国際化現象ともいえた。

事実、1970年代には当時わが国で唯一の国際線を運航していた日本航空関連だけで9件のハイジャック事件が起きている。平均すると1年に1件の発生だ。

そのうちの一つ、1974年7月15日に起きた「日本航空124便ハイジャック事件」は赤軍派を名乗る男が起こした。伊丹空港発羽田空港行きの同便は羽田を経て翌日未明、名古屋空港（現・名古屋飛行場、施設通称=県営名古屋空港）に着陸。結局、男は赤軍派とは無関係で、投降後に逮捕された。

同空港に駆け付けた報道陣のうち、東海テレビ制作報道陣はこの模様をＳＩＴ（高感度・高解像度）カメラで1キロの遠方から捉えたスクープ画像の撮影に成功した。スクープは機材の力だけではモノにできない。それを操る人間の力と時の運。それらがうまく噛み合ってこそ、決定的瞬間が転がり込む。東海テレビ制作報道陣はそれを実証した。

ちなみに、原作者さいとうたかをの死後も『ビッグコミック』（小学館）に連載されている『ゴルゴ13』の主人公、デューク東郷はＣＩＡの依頼でハイジャック犯の狙撃に成功する。犯人までの距離は1020メートルであった。

中日ドラゴンズのセ・リーグ制覇で生まれた「優勝特需」

1974年に東海地方を特に沸かせたニュースは中日ドラゴンズの20年ぶりのセ・リーグ制覇（10月12日）であった。2位ジャイアンツとのゲーム差はわずか1厘。ジャイアンツのV10を阻止する快挙であった。

CBCはラジオの帯番組『ばつぐんジョッキー』でパーソナリティ、板東英二の歌う応援歌『燃えよドラゴンズ！』を発表。『新聞報』は「一億円はゆうゆう突破」として「ドラゴンズ優勝の中日祝賀広告、本紙四百段、スポーツ五百段を埋める」と優勝がもたらした〝経済効果〟を報じている。

各店に共通の頭文字にちなんで当時「4M」と称された在名百貨店（松坂屋、〈名古屋〉三越、名鉄百貨店、丸栄）をはじめ量販店、スーパー、各商店街も「ドラゴンズ優勝セール」を大々的に展開。小売店に「優勝特需」をもたらした。日本シリーズを逃した後は看板を「よくやったドラゴンズ」に差し替えた。

普段は売り場に出ない事務職でありながら、優勝セールの応援に駆り出された三越の女性従業員は「商品を詰めた段ボール箱をバックヤードから運び込むため売り場に出た途端、方々から伸びてきた手に商品を奪われ、陳列台に辿り着けなかった」と振り返る。

中日ドラゴンズの優勝マジックが「12」を保っていた同年10月1日、東海地方で初となるローカルワイド番組『CBCニュースワイド』が放送を始めた。アナウンサーの日比英一、岸佳弘と記者の石塚元章がキャスターのバトンをつないだ。毎回、パソコンで製作したオープニングのビジュアルを日替わり放映するといった画期的な試みも行われた。現在、テレビ各局が夕方の時間帯に置いている情報番組の、この地方における草分け的存在であった。

東海テレビは開局20周年記念事業として1979年に「東海テレビ福祉文化事業団」を設立した。東海地方の社会福祉の増進と向上に役立てるのが狙い。年間を通して「愛の鈴しあわせキャンペーン」を展開する一方、12月には「年末助け合い運動」を行っている。愛の鈴事業では、福祉施設に軽自動車を贈る「愛の鈴号寄贈」や障がいを克服して社会貢献している人を顕彰する「ひまわり賞」を毎年実施。震災の被災地に義援金を贈る災害援護事業にも力を入れている。

電通の年間広告扱い高が世界一に躍進

1973年11月、電通は年間広告扱い高で米国ウォルター・トンプソン社を抜き、事実上の世界一となった。業界関係者の多くはそれまで世界最大の広告会社として知られたトンプソン社が破れたことよりも、首位の座に輝いた電通の躍進ぶりに目を見張った。通り一遍の広告会社という枠には収まらぬ、電通の多角的な事業戦略は同業他社を刺激する一方、自らがより大きな力を持つための原動力となった。

１９７４年6月、博報堂の法人グループ化が始動、大阪・名古屋両支社を法人化する構想を打ち出した。その後、名古屋支社の法人化を延期し、名古屋本部への昇格を決めた。

1983年	4月	朝日新聞創業者の「村山龍平記念館」、三重県玉城町が建設。同町初の名誉町民章の贈呈式も
	5月	日経が長野で現地印刷。信毎松本本社に委託。十月一日から なごや民放交友会（現在の東海民放クラブ）誕生
	6月	テレビ愛知九月一日開局。本格的なセールス開始。黒川洸社長
	8月	センチュリー始動　中日の新電算製作システム完成。コンピューターでの新聞製作 中京テレビ栄本部がオープン。錦三丁目の有楽河合ビルに 日経が遠隔地読者に対する一日遅れの紙面解消のため、夕刊記事を織り込んだ二十四時間編集による新タイプの朝刊「全日版」構想出す
	12月	新聞初のマイナス。電通調査によると十月の四媒体業種別広告量
1984年	2月	国際招待名古屋女子マラソン、東海テレビが実況生中継。全国二十二局へネット
	6月	ネルソンで紙面作り。朝日新聞名古屋本社、三日付紙面から
1985年	1月	読者へのチラシ、一斉配布。販売正常化推進で東海地区五社局長会が初会合 新聞の正常販売、二十日に全国各紙一斉社告
	2月	中日新聞社顧問　三浦秀文氏が死去（七七歳）。同相談役の佐藤信彌氏死去（八五歳）
	3月	中京テレビに長野県西部地震の取材・報道でNNN年間優秀賞。同テレビの受賞は初
	4月	中日新聞社主・大島一郎氏、心不全で二十一日、死去。八一歳
	5月	國枝CBC社長に仏政府から国家功労賞 名古屋　筑波を六秒で高速デジタル伝送。日本で初めて中日が実験。NTTの協力で新聞の電送実験を開始

		東京・金沢間を宇宙電送　中日東京本社、郵政省と協力し実験開始。北陸本社へ宇宙電送
	8月	南北朝日会を独立。名古屋市朝日会は解消。名古屋市北部朝日会（山田茂会長）と名古屋市南部朝日会（一柳忠尚会長）を独立
1986年	1月	読売と日経、静岡（西遠地区）を名古屋送りに。13日から日経は名古屋支社で印刷、読売は中部読売新聞で委託印刷
		CBCが4月から東海初の文字放送開始
	2月	世界初のロボット・オフ輪、読売新聞社が開発 鉛活字サヨナラ、中日新聞名古屋本社のCTS化が完成、27日から全面紙が移行
	3月	CBC会館公開デー　社員・アナ・タレント総出でサービス
	4月	業界専門紙へ広告　新聞広告のPR。新聞協会広告委員会の新聞広告活性化をめざした活動計画の一環
1987年	5月	朝日新聞阪神支局の記者を射殺（3日）。言論への卑劣な挑戦。新聞、放送が連日追跡報道 中読の加盟を承認。創刊以来12年目。購読料も新聞協会の要望に応え、月1900円 東海テレビ制作の昼の連続ドラマが6月17日に6000回と、テレビ界未踏の記録
	9月	今度は朝日新聞名古屋本社の社員寮散弾銃男に襲撃される。警察庁が広域重要事件に指定
	12月	中日新聞名古屋本社に一連32ページ4色多色、新鋭オフ輪3セット増設
1988年	2月	中部読売新聞社が読売興業へ営業権を全面譲渡。オール読売傘下への一歩
	4月	在名民放局が日本広告主協会へテレビ放送広告料金改定申し入れ。昭和56年以来7年ぶり
	7月	ソウル五輪で朝日、読売が特報版発行。現地発行で読売は無料

1988年	8月	名古屋日経の印刷体制、2セット化が完成 東京新聞瀬谷工場が完成。中日グループ首都圏初の分散印刷拠点
1989年	1月	読売東京本社賀詞交換会。中部本社の発足で元旦部数一千万部突破
	3月	CBC〝実行〟元年始動、ニューヨーク支局開設。初代支局長大石幼一氏
	5月	中部読売が3月公表のABC部数に登場、26万3千部余と発表 朝日カメラマン、サンゴに傷「KY」。一柳朝日社長、サンゴ事件で辞任
	8月	わが国の民間放送の草分け、中部日本放送（CBC）の創業者、小島源作前会長が死去
1990年	3月	日刊スポーツ名古屋版、3月から岐阜新聞社が印刷発行 日本経済新聞夕刊、名古屋で発行
	11月	鈴木東海テレビ会長、カストロ首相に会見。日本マスコミ界で初
1991年	3月	朝日新聞社が名古屋・西部両本社に広告局と販売局新設
	4月	大量カラー印刷可能、中日新聞社と中日高速オフセット印刷がタイアップして建設した金城工場（名古屋市北区）が完成、始動 読売中部、新社屋建設へ。同中部本社が占める名古屋・東別院境内約1700坪の土地で城跡発掘調査の地鎮祭を行う
	5月	読売新聞社名誉会長務台光雄氏が心不全で死去（94歳）二日の役員会で、会長に小林与三次氏、社長に渡辺恒雄氏選任 中京テレビが漫画キャラクター、スヌーピーを招聘
	6月	エフエム愛知が6月から社名をローマ字に改める。1億1000万円かけてのCI総仕上げ

	7月	読売と朝日がメーカークーポン広告で合同特集。両社名で小売店など関係方面への協力活動を開始。新聞史上、初の試みでエリアは関東一都三県
	8月	朝日新聞社は7月にアメリカ社を設立した。10月から朝日新聞ヨーロッパ社を発足
	12月	読売が全国紙のトップを切り、購読料改定を発表。セット版３６５０円、毎日、日経も同調発表
1992年	2月	中部経済新聞が4月から東海三県で「日刊ゲンダイ」を印刷発行と発表。
	4月	朝日ジャーナル、部数低迷で休刊。来春めどに新雑誌を創刊する
	5月	訪販法違反第1号で東京朝日がＡＳＡ全店に緊急通知。千葉県の新聞セールスマンが逮捕
	7月	「こすって香る広告」読売新聞はこするとオレンジの香りが出る全面広告を掲載。新聞広告では初の試み 中日新聞豊田ビル完成。新鋭ロボット活躍のハイテク工場 産経新聞社は21日の取締役会で鹿内宏明会長の解任を決めた。理由は「新聞人として不適任」で、事実上のクーデター
	9月	読売新聞中部本社が２７０人体制へ経営改革打ち出し、大幅削減。退職希望者を募集
	11月	エフエム名古屋に予備免許。愛知県域2番目の民放ＦＭ局
	12月	読売新聞社の経営改革の柱であった中部本社発行紙面の東京委託印刷体制が整い、12月1日号からスタート

バブル景気の始まりと国際的な政治体制のうねり

1983年から1992年は、国内外に大きな変革をもたらした10年間であった。国内では日本電信電話公社（1985年）や日本国有鉄道（1987年）など、経営の盤石さから、かつて「親方日の丸」と称された旧・三公社の民営化が進んだ。電電公社から衣替えしたNTTは1987年2月9日に上場。160万円の初値を付けた株価は4月に318万円の高値となり、サラリーマンや主婦などの大衆投資家による株式ブームを起こした。1989年には消費税が導入されるなど、この時期の「新聞報単位」は主に経済面をにぎわすニュースが相次いだ。

海外に目を転じると、日本人乗客も犠牲となった大韓航空機墜落事件（1983年）、チェルノブイリ（ウクライナ語表記＝チョルノービリ）原発事故（1986年）、天安門事件、ベルリンの壁崩壊（1989年）など、後に年表の項目に刻まれる規模の衝撃的な事件や事故が地球規模で起きた。

世界の政治体制が揺らいだ1989年、日本では天皇崩御によって、64年続いた「昭和」の元号が使命を終えた。天皇崩御は戦後民主主義の旗印を掲げたマスコミが一連の動きをどのように報じるかという試金石となった。それはまさに、筋書きのない大いなる社会的実験の面を持ち合わせていた。

世の中の動きが大きく変わるとき、人はなかなかそのことに気づかない。何年か、時には何十年か経って振り返ってみてその意味が分かることがある。「新聞報単位」におけるこの10年はまさに、そのような時の流れであった。一つ一つの事件や事故は単発的に起きているが、それらの底に潜む大きな流れを正確に言い当てることは至難であったはずだ。

後にバブルと呼ばれ、さらにその後の「失われた10年」を招く景気も、始まりは少しずつ値を上げ始めた地価に変化の兆しが表れた。それに気づく人、気づかない人、気にするマスコミ、気にしないマスコミが、それぞれの立場でそれぞれの役割を果たした。

中日新聞の新電算製作システム「センチュリー」始動

中日新聞は1983年6月、同社が開発した、コンピューターによる新聞製作システム「センチュリー」の始動式を名古屋本社CTS開発室で行った。システムの開発にあたった同社関係者やメーカー代表ら約50人が参加し、新たなシステムの稼働を祝った。

センチュリーは「**C**HUNICHI **E**DITING SYSTEM WITH **N**EW **T**ECHNOLOGY **U**NIQUENESS AND **R**ELIABILIT**Y**＝新しい技

術と独自性と信頼性を備えた中日新聞の編集システム」の略称で、日本経済新聞や朝日新聞が先行的に導入、採用しているCTSの中日新聞版である。

創業以来の紙面作りを支えた鉛活字に代わって、すべてコンピューターによって編集、組版を行う革新的なシステムである。このシステムによる紙面製作は8月に特集面の一部で始まり、地方版↓ニュース面（中日スポーツを含む）の順で段階的に移行。「1986年初頭には名古屋本社発行の全紙面、約150面分がすべてセンチュリー化される」と当時の『新聞報』は報じている。

センチュリーの歩みは日本経済新聞とIBMが共同開発したCTSの実用化に踏み切った1978年の3月に社長を長とするCTS委員会からスタート。1980年6月に、名古屋本社の大組レイアウトシステムを他社で実績のあるIBMのJPSとすることを決め、準備を進めてきた。

8年の歳月と巨額を投じたセンチュリーは予定通り1986年1月、ホストコンピューター2台を製作運用に切り替えたことで月内に100％CTS化を達成。この年に迎える創業100周年の記念事業とも位置づけられた。

1983年9月1日、テレビ愛知が本放送を開始した。テレビ東京とネットを組んでいる事情から日本経済新聞、中日新聞が上位の株主に名を連ねる。名古屋に本拠を置き広域をサービスエリアとするほかの民放テレビ局と異なり、放送対象地域は愛知県内とその周辺に限られている。

電通調査による1983年10月の4媒体（新聞、雑誌、テレビ、ラジオ）業種別広告量の対前年同月比は新聞がこの年初めてマイナスを記録した。雑誌は7月以来3カ月連続マイナスであったが、10月は2・2％増とわずかながらプラスに転じた。ラジオは横ばいでテレビは微増であった。初のマイナスとなった新聞は全広告量の8割以上を占める中央紙（0・8％減）、地方紙（1・6％減）が共に低迷。スポーツ紙は0・9％増とほぼ横ばいだった。

この年、博報堂は年度売上高2862億3800万円（前年度比10・4％増）を計上し、設定予算には及ばなかった（98・7％）ものの、3年連続で2ケタの伸び率を確保した。この年度はほぼ四半期ごとに対前年比伸び率が1ケタと2ケタを上下する、変動の多い推移を示した。しかし、期末の11月に20％台という大幅な伸びで月間売上高新記録を達成し、年度総合で2ケタ成長を確保した。

媒体別では、伸びのトップは20・8％増のSP（セールスプロモーション）で、16・2％増の雑誌と共に年度2ケタ増確保に貢献した。「その他」も11・6％の伸びを示したが、ラジオは9・8％増、テレビも7・3％増と伸び悩んだ。

ＳＰや雑誌の好調は史上最大といわれる雑誌の創刊ブームで広告出稿が増えたことによる。ＳＰの企画力強化を打ち出した同社の「マーケットエンジニアリング」路線が実を結んだことも大きいという。業種別では食品・飲料、精密・事務機器が好調を堅持。住宅・建材、卸売り、百貨店がそれぞれ20％近い伸びを示したことも注目された。

１９８５年1月、名古屋広告業協会（名広協）と中部広告代理店業者協会（中広協）が合併し新生「名古屋広告業協会」が発足した。旧名広協の前身は１９６２年6月に総合広告代理店を目指す12社で設立した「名古屋新聞放送広告業者協議会」。中広協は任意団体であった「愛知広告代理業者協会」（愛広協）が改称した組織だが、その源は１９５５年に結成された「木曜会」という有志の集まりにある。

新生名広協は会員42社で、代表を務める幹事長には電通の祖父江東一郎が就任。「広告業界の発展、向上と会員各社共通の利益の向上、安定を図るための諸施策の立案、検討とこれらに基づく事業を行うと共に、会員各社相互の親睦を図ること」を目的としている。

同年8月には、三晃社と中国・江蘇省国際広告公司（南京市）が業務提携に合意し、調印した。わが国の広告代理店と中国側との提携は、電通と北京国際広告公司、博報堂、大広と中国連合広告公司に次いで４番目。この業務提携には東海日中貿易センター（現在は一般社団法人）

が橋渡し役を務めた。

『スチュワーデス物語』を自粛させた日航機墜落事故

1985年8月12日午後7時ごろ、羽田発大阪行きの日本航空123便（ボーイング747SR型機）が長野、群馬県境のぶどう峠から三国峠にかけての山中付近に墜落、生存者4人のほかは絶望という、1機では世界最大となる惨事が発生した。「日航ジャンボ機墜落事故」である。

発生時から、この年の「10大ニュース」トップ確定とされた事故で、テレビ、ラジオは番組をためらうことなく変更し、刻々と情報を伝えた。速報性では及ばぬ新聞各紙は最大限のスペースを割き、超大型の凸版（見出し）を張り出して連日、大々的に報道した。

ハイジャック事件やあさま山荘事件などで半ば定番化した、発生現場からの生中継は機材やシステムの改善や進化によって、一段と充実度を増していた。キー局と地方局との連携も鮮度の高い画像を送るのに貢献した。

いわゆる「初動」の段階でいち早く「生存者発見」を伝えたのはフジテレビであった。発生当初はほとんど情報がなく、その情報も錯綜し、ほぼ絶望的と考えられていただけに「生存者」という言葉は何よりも付加価値の高い情報と言えた。中日新聞は早速このことを取り上げ、

14日の夕刊で「フジテレビ圧勝　日航機墜落報道合戦　生存者の姿をスクープ」の横見出しを掲げて、その模様を紹介した。

それによると、フジは事故現場からいち早く生存者の姿を〝スクープ〟し、奇跡をテレビに映し出した。人気番組『笑っていいとも!』や『火曜ワイドスペシャル』（東海テレビは「中日×大洋戦」）もつぶして特集を組むなど、事故報道に全力を尽くした。

フジは13日午前5時、夜明けとともにヘリ2機を墜落現場とみられていた長野・群馬県境付近上空に飛ばした。専用ヘリには、中継局の役目を果たす追尾装置が付いている。大型ヘリにはカメラマン2人、ビデオ編集マン2人、記者1人の5人が乗り込んだ。

墜落現場と見られる三国山目指して飛んだが〝強行着陸〟可能な場所は御巣鷹山の東の沢の通称ぶどう沢と呼ばれる所と判断、強引に着陸した。5人が簡易中継機材をバラしてかつぎ約4時間「現場の絵をいち早く」の一念で登った。

ほかの局もヘリを飛ばしたが、フジに幸運だったのは、第一到着地点が生存者の川上慶子さんらが発見された後尾部散乱現場だったこと。急ぎ簡易中継機材を組み立て、専用ヘリに向けて電波を発射した。しかもタイミングよく『ニュースレポート11・30』の始まる3分前の午前11時27分。ニュースの冒頭を生々しい映像で飾った。

在名新聞社も直接的に、あるいは東京本社を支援する形で間接的に記者やカメラマンを多数送り込んだ。この事故は2003年1月に横山秀夫が『クライマーズ・ハイ』（文藝春秋）として小説化。それをもとにしたテレビドラマや映画も公開された。事故を取り上げながらも、新聞社の組織的側面や新聞記者の心情に焦点が絞られた。

この事故では歌手の坂本九ら有名人が犠牲となったが、マスコミ関係にも何人かの搭乗者がいた。『新聞報』（1985年8月20日付）は実名と年齢、役職、住所、搭乗理由を「乗客名簿」として紹介した。同名簿には、日本経済新聞大阪本社、RKB毎日放送テレビ各1人、電通大阪支社7人の合わせて9人の名が掲載されている。

この事件を報道という視点で捉えると、フジのスクープは「光」に例えられよう。一方で、事故現場を荒らしたり、遭難して警察に救助を求めたり、犠牲者の自宅に押し掛けたりするなど行き過ぎた記者の行動が「陰」として問題視された。

取材活動ではないが、当時放映されていた日本航空全面協力の人気ドラマ『スチュワーデス物語』（TBS系）は自粛・中止を決めた。

日本新聞協会は1987年5月に開いた月度理事会で中部読売新聞の協会加入申し込みを正式に承認した。中部読売新聞創刊以来12年ぶりの決着であった。不当廉売問題が響いて、加盟手続きがとれない状態が続いていた。これを受けて、同社は購読料を6月から月ぎめ1900円（朝刊のみ）とすることを決めた。

1988年2月に中部読売新聞はジャイアンツや読売新聞西部本社などを経営する読売興業（現・よみうり）に営業権を全面譲渡し、社名を「中部読売新聞本社」に改めた。6月には「読売新聞中部本社」となった。

最後まで明かされなかった昭和天皇の病名

新聞や雑誌、テレビ、ラジオを巻き込んだ報道最前線の様子を記録したノンフィクションの著作に『昭和最後の日：テレビ報道は何を伝えたか』（日本テレビ報道局天皇取材班、新潮社）がある。標題通り、天皇崩御報道の舞台裏を克明に描いたものだ。

昭和天皇は、1987年4月29日の「宴会の儀」を体調不良のために途中退席された。これを機に、報道各社は昭和天皇の健康状態を注視し始めた。媒体を問わず繰り広げられた熾烈な取材合戦では、病状の経過と真の病名が何かが焦点となった。

日本テレビ取材班は昭和天皇の吐血を1988年9月19日にスクープしている。しかし、病名が生前に明らかにされることはただの一度もなかった。同社を含め、報道各社が早い段階で十分な情報をつかんでいたにもかかわらずである。「何がそれを阻んでいたのか」「公人と私人はどこで線引きされるのか」――。現場記者が悶々として抱えていた職業的な葛藤はその後の皇室報道に少なからぬ影響を与えたと思われる。

病名の公表を妨げた理由の一つは当時の「がん告知」の捉え方にあるとみてよいだろう。

「天皇は毎日、新聞やテレビを見るわけだし、科学者でもある。つまり、がんに近いニュアンスの記事が出ただけで自分の病気に勘づいても不思議ではない。そうなると報道の姿勢も問われてくる」という論議がある日の定例情報交換の場でやり取りされる。「日本では『がん告知』はまだコンセンサスがとれていない問題」というくだりもある。

事実上、昭和最後の日となった1989年1月7日午前9時20分。当時の高木顕侍医長は会見で「最終診断は十二指腸乳頭周囲腫瘍」であることを初めて公式に告げた。崩御により、各方面に〝忖度〟する根拠がなくなったからだ。

同日、黒い服に身を包んで現場の模様を伝える日本テレビの記者は「独自の取材によって、天皇陛下のご病気の本体がこれまで発表されてきた慢性膵炎ではなく、がんであることを早くから確認していました。しかし、陛下ご自身や身内の方々への告知の問題、それと社会的影響の大きさに鑑《かんが》みて報道を差し控えてきました」と抑えめの口調で述べ、視聴者への理解を求めた。

報道機関として「真実を伝える」厳粛な使命を負う一方で、存命中にそれを伝えられなかったことに対する無念さが強くににじんでいる。実際「その日」まで、いったい何のために取材するのか、誰のためのニュースなのかを取材班が考えない日はなかったという。

取材班が「まだコンセンサスがとれていない問題」として意見を交わした『がん告知』の扱いは今から30年以上も前の状況である。これに対して、近年は病名告知の機運が徐々に高まりつつある。

例えば、２０１４年に開かれた「第42回がん対策推進協議会」の議事録は「日本におけるがん患者への病名告知率は１９９０年代から２０００年代にかけて大きく向上。がん専門施設が先導的にがん告知を進めて」いると報告している。

同議事録は、がんセンターなどの告知率は75・1％という数字を紹介。専門施設ではほぼ１００％に達しているという見方がある。「自分の病気を知らなければ精一杯がんと闘えない」との信念から、１００％告知を実施している専門医もいる。

がん患者への病名告知が１９９０年代から２０００年代にかけて大きく向上したという同議事録の指摘は〝前夜〟の１９８９年が「昭和64年」であったことと無関係ではあるまい。

名古屋市内3会場で分散開催された世界デザイン博

元号が「平成」となって半年余り後の１９８９年7月15日から11月26日までの１３５日間、名古屋市で「世界デザイン博覧会」が開かれた。開催テーマは「ひと・夢・デザイン――都市が奏でるシンフォニー」。１カ所でまかなえる大規模な用地を確保できないため、白鳥公園、名古屋城・名城公園、名古屋港の3会場に分散して行われた。

この催しは市制１００周年の記念事業でもあった。それは間違いではないが、多くの関係者や市民にとっては１９８８年開催を目指しながら誘致に失敗した「名古屋五輪」に代わるビッグイベントとしての意味合いが強かった。
新聞、雑誌、テレビ、ラジオは開催前はもちろん、会期中も連載や特集、特別番組などで動員を後押しした。開催初日にはCBCテレビ、東海テレビ、名古屋テレビ、中京テレビ、テレビ愛知、岐阜放送、三重テレビの7局が共同で特別番組『夢発見!デザイン博が始まった』を中継。日本テレビに在籍していた福留功男と楠田枝里子が司会を務めた。

この年9月1日の「防災の日」を前に中京テレビが在名民放局では初めての「緊急警報放送システム」を導入し、運用を始めた。深夜など、家庭のテレビのスイッチが切れている時に、放送局から特殊信号を送ることで自動的にスイッチを入れ、警報音と災害放送を伝える仕組み。東海大地震をはじめとする大災害が近い将来に発生すると予測される地域だけに大きな効力を発揮すると期待された。

東海テレビは1982年から1991年まで、年間視聴率が全日、ゴールデン、プライムの3つの時間帯でトップ(NHKを除く。ビデオリサーチ調べ)を占め、10年連続三冠の日本新記録を樹立した(フジテレビも10年連続新記録達成)。RKB毎日が九州地区で1972年から1980年まで記録した9年連続を11年ぶりに更新したことになる。

1993年	1月	「日刊福井」が解散、有志グループで題号を存続　北陸中日で印刷発行
	8月	読売新聞東京本社の凸輪、九十余年の歴史に幕
		テレビ愛知開局10周年　「経営基盤できた」国保社長
	9月	世界初の電子縮刷版を、読売・日立・丸善が共同開発
	11月	大学合格者名の紙面掲載を廃止　朝日新聞名古屋本社が決定
		岐阜新聞・岐阜放送社長に杉山幹夫氏。姉妹都市の中国・杭州市が栄誉市民賞を贈る
		読売新聞12月から大改革　夕刊カラフルに内容一新　題字も42年ぶりに変える
1994年	2月	朝日新聞名古屋本社版紙面大刷新　二社面を九段に拡大　「地域に根差した全国紙」の役割強調
	6月	中日新聞「日刊県民福井」と改題　福井支局を支社に昇格
	7月	東海テレビ、「新しい野球中継」　20日のオールスター戦でハイテク技術駆使
	10月	セ・リーグ優勝決定戦　東海テレビ54％の高視聴率　カメラ17台、スタッフ１２０人
1995年	1月	東海テレビ、94年年間平均視聴率も三冠　13年連続で記録更新
	2月	2月限りで、北海道新聞名古屋支局を廃止
	4月	岐阜放送テレビが初のネット番組制作　菅原文太の「ぎふ花のぶらり旅」
	6月	中日新聞社代表取締役会長・加藤巳一郎氏死去
1996年	4月	読売新聞中部本社　全面オフセット化完成　40ページ8個面カラー印刷体制へ
	7月	読売新聞、日本の新聞で初めてキューバに支局　緊張続く新情勢に対応
1997年	1月	名古屋テレビ、視聴者の意見に応える「オンブズ11」新設
	3月	中日新聞、3代表制を敷く　社長に白井氏昇格、大島社長は会長に
		中日新聞グループ3紙が16年ぶりにＡＢＣ報告再開

年	月	出来事
1998年	7月	明治21年7月10日創刊の朝日新聞4万号
	10月	中日新聞社9つ目の印刷拠点、東濃工場が完成、全国でも異例のハイテク印刷設備
	5月	CBC放送センター完成
	6月	「北海タイムス」今月限りで休刊
	10月	中日新聞社がフリーペーパー「ショッパー」を創刊
1999年	12月	南北社が社名変更　年明けから「デルフィス」に
2000年	1月	朝日新聞と岐阜新聞がニュース提供や販売などで連携　放送分野も協力、名古屋テレビと岐阜放送
	3月	日経が4月から新媒体、週刊紙「日経プラス1」を別刷りで発行 4月1日「愛知国際放送」（RADIO-i）開局　東海地方初の外国語FM
	7月	東海テレビ放送相談役・中日新聞社顧問 鈴木充氏 死去
	8月	中日新聞社7番目の分散工場「埼京工場」が9月稼働、東京新聞32ページ16個面カラー印刷
	11月	読売新聞が画期的紙面に　基本文字を拡大、12字14段組編集
2001年	3月	4月1日「岐阜エフエム放送」開局　官民一体、初の県域FM局
	4月	読売・産経新聞、全国紙で初の相互印刷　中国・四国で始まる
	8月	産経新聞、9月から朝刊1部売り価格100円に値下げ
2002年	6月	読売グループ新体制　グループ本社社長・主筆に渡辺氏、読売新聞中部本社は東京本社合流
	10月	日本ABC協会、50周年を盛大に祝う　会員数は700社に
	12月	毎日新聞中部本社、元旦に旧日経名古屋支社社屋へ移転

バブル経済の崩壊とともに始まった「失われた10年」

１９９３年から２０００２年までの10年間で人類は等しく、１０００年に一度という貴重な体験をした。共に21世紀を迎えたのである。

世界初の量産ハイブリッド車、トヨタ自動車のプリウスは１９９７年10月に登場。「21世紀に間に合いました」というキャッチフレーズで数年後に迫る「21世紀」を強調した。初期のテレビCMでは21世紀を舞台とする『鉄腕アトム』の作者、手塚治虫の静止画像が大写しにされ、彼の生み出した主要キャラクターたちが画面を彩った。

大きなイベントの本番に向けて、カウントダウンを好む傾向のある日本人は１９９９年ごろから何かにつけて「ミレニアム」(千年紀)という言葉を用いるようになった。「Ｙ２Ｋ」とも呼ばれた「２０００年問題」への対応が叫ばれたのも１９９９年を迎えてからである。すでに広く普及していたパソコンを含む世界中のコンピューターが西暦２０００年であることを正しく認識できなくなり、誤作動したり暴走したりすることが懸念された。

遡ること１０００年前、西暦が９９９年から１０００年に代わる時、コンピューターは影も形もなかった。もちろん、当時のことを体験した人は誰一人としていない。従って、参考にすべき「前例」がない。結果的に社会を混乱に陥れるような重大な事態には至らなかったことも多くの人が記憶にとどめているはずだ。

日本の財務局は1998年7月15日、各金融機関に対して「コンピューター2000年問題対応に関する資料の提出について」という通達を出し、定期的な報告を義務付け、金融サービスの提供に支障を起こす不測の事態に備えていた。

2000年には同年に開かれた「第26回主要国首脳会議」(沖縄サミット)を記念して、当時の内閣総理大臣、小渕恵三の発案で2000円札が発行された。もちろん、現行紙幣として通用するが、沖縄県など一部地域を除いてほとんど流通していない。現金自動預け払い機(ATM)や自動販売機などの多くが2000円札の使用に対応していないことが流通の妨げになっていると考えられている。

この10年の「新聞報単位」では世紀末を象徴するような天災や事件、事故が国内外で相次いだ。1995年は1月17日に阪神・淡路大震災が起き、3月20日にはオウム真理教による地下鉄サリン事件が発生した。2000年には9月11日未明から12日にかけて名古屋市と周辺地域に大規模な水害をもたらした「東海豪雨」が襲った。

翌年には奇しくも同じ9月11日にアメリカ同時多発テロ事件が起きている。死亡者約

3000人、負傷者2万5000人以上という史上最悪の惨事となった。米国内5カ所で発生したテロのうちでも、航空機が世界貿易センター（WTC）ビルに吸い込まれるように激突する映像は世界中で繰り返し流された。ニューヨークという場所柄のため、犠牲者の中には日本人も多数含まれていた。

この10年は、前の10年後半に大きく膨らんだバブルが一気に弾け、景気を急激に冷え込ませた。バブル経済の崩壊である。これに伴って株価は1989年、地価は1991年を頂点として大幅に下落した。あたかも片方に振れた振り子が猛烈な勢いで逆方向に戻ったまま固まってしまったような状況となった。

1997年に三洋証券、北海道拓殖銀行、山一證券が相次いで経営破綻した。連鎖するように1998年には日本長期信用銀行や日本債権信用銀行が行き詰まった。未曽有の金融危機の始まりである。この危機を緩和させるために、政府は総額60兆円に上る公的資金投入枠を確保しなければならなかった。

昭和30年代を振り返るとき、必ず引き合いに出される「高度経済成長期」から30年あまりを経て、日本経済はバブルの崩壊を機に停滞を余儀なくされ、後に「失われた10年」（20年とも）と呼ばれる長期低迷期に突入する。

中華航空機墜落事故で中日写真記者がスクープ

１９９４年4月26日、台湾の中正国際空港（現・台湾桃園国際空港）発名古屋空港行きの中華航空１４０便（エアバスＡ３００Ｂ４型機）が着陸態勢に入ったところ、名古屋空港敷地内の滑走路脇に墜落し、乗客乗員２７１人のうち２６４人が死亡した。日本の航空史上、１９８５年の日本航空１２３便墜落事故に次ぐ惨事である。

ただちに、警察、消防、医療関係者などが駆け付け、救助活動にあたった。名古屋空港は航空自衛隊小牧基地に隣接し、滑走路を共用しているため、自衛隊も救護活動に参加した。空港という施設の特性上、大規模な事故を想定した体制が整えられていたにもかかわらず、緊急車両の進入口が分かりにくい、医療職の服装がばらばらであるなどの理由で現場は混乱したという。

この事故では、災害時や大規模な事故に伴って多数の負傷者が出た時、治療の優先順位を現場判断し、被害者に付ける「トリアージタグ」が試行的に採用された。しかし、タグの形状が複数あるため使いづらいとの指摘もあった。このため、１９９５年に起きた阪神・淡路大震災などでの運用を重ね、統一が進んだ。

事故の第一報を在名民放5局で最初に伝えたのはテレビ愛知であった。たまたま中継していた中日ドラゴンズ戦の番組内でニュース速報のテロップを出した。墜落現場で炎上する機体の模様は同空港に設置されていた東海テレビの情報カメラが捉え、フジテレビ系列のネットワーク（ＦＮＮ）で流された。このカメラはいわゆるお天気カメラで、現在も定時ニュース番組や情報番組などで活用されているものだ。整備のためにカメラを一時的に取り外していたＣＢＣはスクープを逃した。

スチール写真をものにしたのは中日新聞編集局写真部のカメラマンである。名古屋空港に取材用のヘリコプターを置き、担当者を常駐させていたことが功を奏し、カメラマンは墜落直後の現場に駆け付けた。「地の利」を生かしたことで、同紙は他紙に2時間の差をつけ、決定的瞬間を切り取ることができた。そのうちの1枚は「中華航空機・エアバス　墜落・炎上」のスクープ写真として１９９４年度新聞協会賞を編集部門で受賞した。

当時は本社との連絡や記者同士の情報伝達にはもっぱらポケットベルが使われていた。今日ほど携帯電話が普及していなかったからだ。それでも、固定電話と公衆電話しかなかった時代には重宝した。そうした状況下で底力を見せつけたのは朝日新聞である。

事故の状況がまったく分からぬまま、記者会見場として用意されたのは空港ビルの一角にある教室ほどの広さの会議室であった。報道陣が詰めかけ、空調の効きの悪い室内は夜間とはいえ、蒸し暑い。「現在、調査中であり、状況が分かり次第……」という担当者の要領を得ぬ一方的な説明に苛立つ記者は少なくなかった。多くの記者が手持ち無沙汰気味の中、段ボール箱を抱えた、朝日新聞の編集総務と思われる担当者が会議室に入ってきた。

彼は慎重に部屋の中を回りながら、方々から駆け付けていた自社の記者一人一人に、段ボール箱にぎっしり詰まった真新しい携帯電話を配り始めた。その夜から同社の機動力は格段に高まったと思われる。スマホの複数台持ちが珍しくなく、机上には申し合わせたようにノートパソコンが開かれている昨今の記者会見場風景が当たり前になる以前のアナログ的光景であった。

阪神・淡路大震災で本社屋が全壊しながら休刊免れた神戸新聞

1993年10月、愛知県で2番目となる県域FM局、エフエム名古屋が本放送を開始した。開局11周年の2004年、商号を現在のZIP-FM（ジップ・エフエム）に改めた。主要株主は中日新聞社、北海道新聞社、名古屋鉄道、トヨタ自動車。

開局当初は「モア・ミュージック、レス・トーク」を基本方針として、R&Bやヒップホップ、ダンスミュージックなどの洋楽主体に編成していたが、開局20周年の2013年の番組改編を機に邦楽にも門戸を開いた。

1995年の阪神・淡路大震災はマスコミ関係にも多大な被害を及ぼした。中でも、神戸新聞は本社屋が全壊し、自力での編集・制作が不可能になった。印刷機能は別の場所に置いていたが、要となるCTSシステムの破損で新聞発行できなくなった。同社はたまたま前年に京都新聞と結んでいた「緊急事態発生時における新聞発行援助協定」の発動を決定。大幅なページ減と時間の遅れを余儀なくされたものの、当日付の夕刊発行にこぎ着けた。この日から、神戸新聞は1日も休まず発行されている（新聞休刊日を除く）。

両社は基本的に、読み上げやワープロ通信で送られた記事を京都新聞のシステムで組み上げ、神戸新聞の製作センターで印刷するという方法で発行を続けた。当初はバイクや自動車で印刷用フィルムを運んだり、社員を京都新聞に派遣したりするなど、文字通りの人海戦術で事にあたった。協定を結んでいた京都新聞ばかりでなく、全国の新聞社が機材提供をはじめとする支援を続けた。

この成功事例を機に、全国でいくつかの新聞社が相互に同様の協定を結ぶ動きが見られた。こうした、緊急事態に備えた相互援助体制は新聞業界だけでなく、さまざまな業界でも導入されるようになり、BCP（事業継続計画）への関心が高まった。

BCPは企業が自然災害や大火災、テロ攻撃などに遭遇した場合を想定。事業資産の損害を最小限にとどめ、中核事業の継続や早期復旧のため、緊急時における事業継続のための対応、手段などをあらかじめ取り決めておく計画を指す。神戸、京都両新聞社の協定と実践はその有効性を示す具体的な事例であった。

ケーブルテレビ業界で存在感示すワントゥワン

国内では札幌オリンピックに次ぐ冬季大会となる長野オリンピックが開かれ、和歌山カレー事件が起きた1998年の4月17日、名古屋に小さな広告代理店が誕生した。古畑秀樹が興した有限会社ワントゥワンである。古畑は「転職は天職につながる」を座右の銘として、在名の複数の広告代理店で腕を磨き、実績を重ねてきた。

古畑は、当世風に例えるなら「営業職とコピーライターの二刀流」でメキメキと頭角を現し、東海地方の業界で一目置かれる存在となった。「何でも見てやろう」「見る前に跳べ」を規範として自ら実践する行動派。名古屋の大手広告代理店、新東通信時代には「サン・ジョルディの日」に関わり「国際サイクルロードレース名古屋大会」の運営などを手がけた。

同社在籍時代終盤には有線テレビジョン放送（ケーブルテレビ）事業を手がけるスターキャット・ケーブルネットワークに出向。復職後は営業推進局局長を務め、退社した。ワントゥワン設立後はスターキャット時代の知見を生かしてケーブルテレビ各局のチラシ制作などを推進。同業界のイベント「ケーブルテレビフェスタ」（現・ケーブルフェスタ）にも携わっている。

2007年1月にはさらなる飛躍を目指して、株式会社に改めた。

古畑が〝天職〟を通して体得したキャンペーン立案やイベント企画、マスメディア広告、各種SPツール、セミナー業務、番組販売、印刷物制作といったさまざまな業務内容はいずれも、独自の嗅覚と経営センス、若い時分からの行動規範に支えられたものだ。

2021年4月、ITビジネス、デジタルプロモーションを手がける「デジタルテックワン株式会社」を設立。2022年9月にはプリントウェア事業部「キコナス」を発足した。古畑は持ち前の「好奇心・向上心・向学心」の趣くまま、臆することなく、新たな事業に挑んでいる。


読売新聞と中央公論は1998年11月2日、中央公論の保有する営業上の権利と資産を1999年2月1日に読売新聞に譲渡することで基本合意したことを明らかにした。読売新聞による経営再建の一環。これにより、書籍や雑誌の出版に関する中央公論の営業権や出版在庫は読売新聞の完全子会社「中央公論新社」に有償譲渡されることになった。

中央公論の経営不振が表面化したのは1992〜93年ごろ。書籍部門に比べて雑誌部門の比率が低い企業体質を改善するために手がけた新雑誌の創刊が逆に経営を悪化させた。役員、幹部の給与カットに踏み切ったものの、改善にはつながらず、負債総額は150億円前後まで膨らんだ。

日本を代表する老舗出版社が読売新聞の傘下に入ることは、新聞業界と出版業界の垣根を越えた「国内メディア界初の取り合わせ」として注目を集めた。これまで、不況に強いと言われてきた出版業界も、長引く日本経済の低迷下で大手新聞社の支援を求める格好となった。この動きに対しては「出版部門の強化を狙う読売新聞と、支援先を求めていた中央公論の利害が一致したため」との見方が一般的であった。

読売新聞が12字14段の画期的文字組の紙面に刷新

１９９９年８月10日に設立された愛知国際放送（愛称・ＲＡＤＩＯ-ｉ＝レディオ・アイ）は２０００年４月１日に本放送を開始した。５年後に開催される「２００５年日本国際博覧会」（愛・地球博）を視野に入れ、地域の国際化を図ることを目指し、全国４番目の外国語ＦＭ局として開局した。

25～30歳の団塊ジュニア世代に狙いを定め、東海地方在住の外国人をＤＪに起用し、７カ国語で放送するなど、斬新な番組構成で臨んだものの、経営不振により２０１０年９月30日24時の放送終了をもって閉局した。

末期は筆頭株主である名古屋の有力商社、興和の１００％子会社となり、経営改善を試みたが、リーマン・ショックなどによる広告収入減が響き、再建を断念した。他社との合併や事業譲渡を選ばず、自主的に閉局した初めての一般放送事業者となった。

朝日新聞と岐阜新聞は２０００年１月、新聞発行業務に関連して幅広い分野にわたる包括的な協力協定を結んだ。全国紙と第一県紙との全面的な提携は戦後初めて。提携分野はニュース情報などの相互提供をはじめ、災害時など緊急時の印刷協力、販売分野での協力、企画催事での協力など多岐にわたる。

この提携と並行して、朝日新聞系列局、名古屋テレビ放送と岐阜新聞の系列テレビ・ラジオ局、岐阜放送も協力関係を結んだ。

この構想は当時の朝日新聞社長、箱島信一が社員向け新年挨拶の中で明らかにした。箱島は「一昔前なら、地域のライバル紙との提携など考えもしなかっただろうが、大競争時代に朝日新聞の経営基盤を固めていくには、県を代表する地方紙、さらには異業種との提携まで、大胆かつ柔軟に推進していく必要がある。今後、既成の考え方にとらわれず、さまざまな形でメディアの広野に踏み出していく」と意義を訴えた。

1970年代の新聞を開くと「よくもこんな読みづらい紙面に文句を言わなかったものだ」とため息をつくシニア層は少なくないはずだ。当時は縦幅よりも横幅のほうが大きい新聞独自の扁平活字を用いて1段15字、1ページ15段で組むのが鉄則であった。

かつての紙面を「読みづらい」と感じるのは、ゆったりと組まれた現在のフォーマットに慣れているからに他ならない。現在の「読みやすさ」を支えているのは拡大文字の採用とそれによるレイアウトの革新であろう。拡大文字の採用は高齢者の新聞離れを防ぐための手立ての一つでもあった。

各社が知恵を絞り、情報の量や質を落とさず、自社の独自色を打ち出すために講じてきた紙面改革をさらに推し進めたのが読売新聞の画期的紙面であった。同社は2000年12月4日から基本活字を拡大し、1段12字、1ページ14段のレイアウトを導入。1950年以来の基本型であった15段に区切りをつけた。

同社は1983年4月に1段15字から13字に、1989年2月には12字へと段階的に文字の拡大に取り組んできた。新たな基本文字は従来に比べ、縦8%、横13%、面積で22・4%大きくなった。基本文字の拡大により、1ページあたりの文字量は減るものの「簡潔・明瞭な記事執筆、見出しやレイアウトの工夫などで、情報はこれまで通りたっぷり掲載する」と同社は読者に理解を求めた。

同社の動きには他社も素早く追随し、2001年春以降、朝日新聞、毎日新聞、中日新聞など大手紙が相次いで拡大文字による新たな紙面改革に取り組んだ。

2001年4月1日、岐阜エフエム放送が開局した。岐阜県内では1962年開局の岐阜放送以来39年ぶりの新局として期待されたが、放送設備への投資などから債務超過に陥り、2013年に解散を決定。FM AICHI、TOKYO FMとそれらの子会社4社が

２０１３年8月1日に設立した「エフエム岐阜」に放送事業を継承した。

名古屋で36年ぶりに新聞大会を開催

「知りたい　本当のこと　だから新聞」を開催テーマとする「第55回新聞大会」（主催・日本新聞協会）が２００２年10月16、17の両日、名古屋国際会議場を主会場として開かれた。名古屋市での開催は１９６６年以来、36年ぶり。全国の新聞社、通信社などから関係者約５００人が出席した。

式典では「世界は新たな国際秩序の形成に向けて激動を続け、国民は飛び交う情報の中で、正確な報道と責任ある言論を求めている。新聞は、言論・報道機関の中核として、多面的な分析と提言によって、現状を打開し、豊かで平和な未来への道程を明らかにしなければならない。第55回新聞大会に当たり、われわれ新聞人は、課せられた責務を自覚し、取材報道の自由を守り、公共的な使命の達成にまい進することを誓う」との大会決議を採択した。

広告業界第2位の博報堂、第5位の大広、第6位の読売広告社は２００３年8月5日、持株会社「博報堂ＤＹホールディングス」を設立し、10月1日に経営統合することを明らかにした。3社の独自色を出し、競争力強化を図るのが狙い。

統合後の売上高は約1兆円となり、国内で電通に次ぐ第2位、世界では第8位となった。12

月1日には3社のメディア事業を統合した博報堂DYメディアパートナーズを設立。広告仕入れやビジネス機会の拡大、コンテンツ開発機能などを委ねた。

2003年12月1日正午、地上デジタルテレビ放送（地デジ）が首都圏、中京圏、近畿圏で始まった。受像機の普及に時間がかかることから、導入後もアナログ放送は続けられたが、2011年7月24日正午に完全移行した。

「カラー化以来のテレビ革命」とされながら、低い知名度を上げるため、2003年11月15、16の両日、在名6局が共同でPRイベントを催した。『チェンジ、デジテレ。』in名古屋」と題して、16対9のワイドサイズ画面の見やすさやゴースト（二重写り）のないクリアな高細精度映像、臨場感溢れる音質などをアピールした。

新聞報社は2003年12月10日付の社告で、この号から拡大文字を採用したことを伝えた。大手新聞各紙の基本活字拡大化の流れに沿った措置。新活字はこれまでよりも約20％ワイドで、目に優しく、読みやすい紙面を目指した。

2008年	2月	朝日、読売、日経が協同で読み比べサイトANY開設
		読売新聞、1ページ12段踏み切る。57年ぶりの変更。朝日、産経も追随
	3月	朝日大阪本社、超高層ビルに建て替え。高さ200メートル、2棟ツインで
		中日3月29日付から15段組、1行10字に。大型文字採用
	4月	読売新聞社、愛知・清須に印刷工場、最大16ページカラー印刷可能
		日経、朝日、読売、全国紙では初めて災害時援助協定締結
	5月	東海の民放ラジオ7社、9月から緊急地震速報で合意
	10月	中日新聞社、テナント「品川中日ビル」（旧東京本社跡地）建設へ
		10月31日、夕刊紙名古屋タイムズ休刊
2009年	3月	劇団四季「オペラ座の怪人」11年ぶり。名古屋劇場開設10周年記念
	7月	コピーライターの草分け、眞木準さん急死。60歳。知多市出身
	10月	中日と朝日、相互委託印刷で提携、名古屋
	11月	中日・大島宏彦最高顧問、メキシコ政府から勲章、外国人授与では最高賞
	12月	毎日新聞、57年ぶりに共同通信に加盟
		「春」朝日、「夏」は毎日、高校野球大会、相互に応援体制固まる
2010年	2月	読売新聞・渡辺会長・主筆、発行部数1千万部堅持に感謝

	3月	日経新聞が電子版創刊、紙と共存で事業の柱に。3月23日発刊 09年日本の広告費　初の2けた減、電通調査
	6月	「ぴあ中部版」6月で休刊、最盛期に10万部発行
	7月	「名古屋発のニュースを全国に」。元記者ら20人がネット立ち上げ、3月発足 名古屋大でシンポ「ジャーナリズムはネットで育つか」。ネット界の論客、議論伯仲
	10月	中日ドラゴンズ、大逆転で4年ぶり優勝
	11月	毎日、講談社とコラボ新紙面「ラタンシオン」を創刊、大人女性をターゲット
	12月	中日新聞社が「品川フロントビル」完成、地上19階、ほほ満室で開業
2012年	1月	CBC開局60周年ドラマ「初秋」が文化庁芸術祭賞で優秀賞受賞、10年ぶり
	2月	東京新聞新年専売会で「脱原発」紙面貫くと、白井中日会長
	4月	「名古屋中日会」新発足。名古屋市中日会と名古屋新市内中日会が統合 毎日新聞、「希望新聞」特別版15万部を被災地で無料配布
	5月	毎日、スポニチが中日新聞社に委託印刷、名古屋
	6月	毎日、スポニチが新デジタル媒体「TAP－i」創刊。スマホやアイパッド向け
	12月	東京新聞に菊池寛賞。原発事故の調査報道

日本経済の長期低迷に拍車かけたリーマン・ショック

２００３年から２０１２年の「新聞報単位」における最大の出来事は２０１１年の東日本大震災であろう。単純比較はできないが、阪神・淡路大震災との違いは、地震がもたらした津波や東京電力・福島第1原子力発電所の事故が被害を増大させたことだ。

東日本大震災は物的な被害ばかりでなく、主に製造業におけるサプライチェーンの機能を失わせたことで、経済面にも深い傷を負わせた。その発生から復興までを綴るのが本稿の目的ではないため、詳細な記述は割愛するが、新聞をはじめとするマスコミ業界の動きは後述する。

この10年を経済の面から捉えると、バブル景気の崩壊を契機に始まった長期低迷がさらに進んだ。拍車をかけたのは米国の大手投資銀行、リーマンブラザーズの経営破綻が引き起こした２００８年の「リーマン・ショック」である。

サブプライム住宅ローン問題に端を発する株価下落や金融不安、同時不況の影響は米国内ばかりでなく、瞬く間に全世界に広がり、経済の仕組みを地球規模で揺るがせた。世界経済を未曽有の大混乱に陥れた深刻さは１９２９年の世界恐慌以来といわれた。

日本では当初、直接的な影響はないと見られていたが、リーマン・ショック後に進んだ急激な円高ドル安が輸出依存度の高い企業を直撃。２０１１年10月31日には史上最高値となる１ドル＝75円32銭を記録した。これらにより、日本のデフレが一段と進んだ。

中小企業では、バブル崩壊以降、最大の倒産数を記録した。発生当時約１万２０００円だった日経平均株価は大暴落し、10月後半に一時６０００円台となった。

米国経済の混乱による日本製品の需要減は日系企業にボディーブローのように効いた。例えば、トヨタ自動車はこの影響で60年ぶりの営業赤字に甘んじねばならなかった。海外市場で大きなシェアを占めていた米国での販売台数減少が響いた。自動車ローンが組みにくくなったためだ。自動車業界や家電業界が業績悪化を理由に派遣契約を打ち切る「派遣切り」が社会問題化したのもリーマン・ショックの落とした影といえる。


リーマン・ショックも東日本大震災も、ある国のある地域で起きた局所的な事件や事故ではなく、その影響が全世界に及ぶという意味で、非常に今日的な事象といえた。それは政治、経済、文化など、各分野における各国間の距離が飛躍的に縮まっていることを端的に表すものだ。その意味で、地球は確実に小さくなっていた。

愛知万博開催、セントレア開港で「元気な愛知」アピール

2005年3月25日から9月25日まで「2005年日本国際博覧会」(愛・地球博、愛知万博)が長久手、瀬戸の両会場で開かれた。総合テーマで臨む大規模な国際博覧会としては1970年の大阪万博以来2回目。21世紀では初のイベントとなった。会期中に約1105万人が来場した。

期間中、現地に設けられたプレスルームを拠点に、新聞、テレビ、ラジオなどが連日、現地の模様を伝えた。日本ケーブルテレビ連盟東海支部は開催期間限定で「万博チャンネル」を開設。『愛・地球博NEWS』を放送した。

開催に呼応して、動員のためのインフラも整備。中部国際空港(セントレア)、名古屋瀬戸道路、愛知高速交通東部丘陵線(リニモ)などが整備された。長久手、瀬戸両会場を結ぶロープウエーや燃料電池バスも運行された。

セントレアは愛知万博開催と共に「元気な愛知」の象徴として、2005年2月17日に開港。国内外から愛知万博を訪れる人のための空の玄関口の役目を担った。セントレアを運営する中部国際空港会社の初代社長にはトヨタ自動車出身の平野幸久が就任。厳しい予算と(愛知万博開幕前までに開港という)待ったなしの日程に「トヨタ流」で臨んだ。

先行する成田や関西が政府色の濃い特殊法人であるのに対し、中部は商法が適用される民間

会社である。予算管理をきちんとして黒字を出さなければ倒産する。そのため建設当初から随所に注ぎ込まれたのがトヨタの経営手法であった。

限られた日程での時間稼ぎには「棒接ぎ」ではなく「重ね合わせ」を取り入れた。例えば、1カ所を埋め立ててから建物を造るのではなく、隣接地で埋め立てと建設を同時に進めるといった方法を推し進めた。乗り継ぎの利便性を考えて、国際線と国内線をワンフロアに配したレイアウトや高齢者や障がい者の利用に配慮したユニバーサルデザインの積極的な導入もトヨタが重視する「お客様第一主義」の実践である。

展望風呂や商業施設など導入したテーマパーク風の演出はその後、ほかの空港でも取り入れられている。長時間歩いても疲れないようにするため、デッキの床面には木製風の素材を採用。飛行機を見下ろすフェンスには従来の無粋な金網ではなく、柔らかなワイヤーを五線譜状に平行に張った。撮影用の大口径レンズが無理なく通せるための知恵である。一連の「トヨタ流」で当初見込んでいた事業費7680億円は5950億円に圧縮された。

同業他社との連携やコラボレーションが活発化

2006年10月、中日新聞東京本社と毎日新聞中部本社が相次いで移転した。中日新聞東京本社は1日に社屋を東京都千代田区内幸町の中日日比谷ビルに移した。同ビルは分室として利用されてきたが、全面的にリニューアルし、東京新聞、東京中日スポーツを発行する東京本社の機能を持たせた。

日比谷は東京新聞の発祥地で、前身の「今日新聞」（後に都新聞）創刊から数えて、この年で122周年。東京中日スポーツも50周年になることから、移転を機に中日新聞グループの取材・発信基地としての役割強化が期待された。

毎日新聞中部本社は同月10日に編集、営業、管理部門を豊田・毎日ビルディング（ミッドランドスクエア）に移転した。入居したミッドランドスクエアは名古屋市中村区のJR名古屋駅前に東和不動産、トヨタ自動車、毎日新聞社が建設した超高層複合ビル。

同中部本社はミッドランドスクエアが建つ前、同じ場所の毎日名古屋会館（毎日ビル）にあったが、社屋建て替えのため、日本経済新聞社の名古屋支社跡地に一時的に移転。ミッドランドスクエアの完成で「古巣」に戻ったことになる。

日本経済新聞、朝日新聞、読売新聞グループ本社の3社は2007年10月1日①インターネット上での共同事業②新聞販売事業での業務提携③災害時の新聞製作の相互援助協定――を2008年3月までに結ぶことで合意した。日本を代表する大手3社が本格的な提携関係を築くのは初めて。3社は従来の競争関係を維持しつつ、ネット社会における報道機関としての情報発信力を強化し、読者へのサービスを充実させる。

合意内容のうち、ネット分野では、1社単独では展開できないサービスを提供する枠組みを作り、新聞社が発信する報道や解説、評論などの価値を高める。その一環として、共同サイトに3社の主要記事が読み比べできるサービスを提供する。

販売事業では、山間部や離島など過疎地を中心に地域を選択しながら、3社の販売店などが新聞の共同配達に取り組む。配達コストが高くなっても、読者が購読できる体制を整え、宅配網の維持と強化につなげる。朝日新聞と読売新聞はすでに、北海道の一部で実施していた。

災害時の新聞制作では、地震やシステム障害などで発行が不能となった場合、紙面製作、印刷、輸送などで被害を受けなかった新聞社が肩代わりする。

日経・朝日・読売インターネット事業組合は2008年1月31日にウェブサイト「あらたにす」(「新しくする」の古語)を開設した。ニュースの発信者である新聞社が協力し、ネット社会での新聞社の影響力や発信力を高めるのが目的。3紙が発信するニュースや社説、解説、評論記事を並べることで、それぞれの記事の違いなどを分かりやすく伝える「新聞ナビゲーションサイト」を目指す。3社が2007年に合意した業務提携を踏まえた取り組み。運営組織である日経・朝日・読売インターネット事業組合は同年11月30日に設立された。

3社の業務提携の柱の一つである「災害時等の新聞発行の相互援助に関する協定」が2008年3月24日締結された。災害時などに紙面製作や印刷代行などをする「相互援助協定」を締結する新聞社は阪神・淡路大震災以降増えているが、全国紙同士が本格的な協定を結ぶのは初めて。

地震などの大災害やシステムトラブルなどで、3社いずれかの新聞発行ができなくなった時に、残る社ができる限りの援助をする。協定では、援助を行うケースとして「緊急紙面製作の代行」と「新聞印刷や製版の代行」を挙げている。主要なシステムに障害が発生し、紙面製作そのものができなくなった場合、援助する新聞社のシステムを借りる。

紙面は原則4ページとし、1面は被援助者の通常紙面にできるだけ近づける。もしもの時に即座に対応できるように、あらかじめ互いの題字の画像イメージを持ち合う。被援助社の編集者が援助社に行き、紙面づくりに立ち合うことも認める。

一部の印刷工場が機能不全に陥った時の「新聞印刷や製版の代行」は援助社の新聞印刷が終わった後とすることや、印刷された新聞は被援助者がトラックで取りに行くことなども取り決めた。

2009年10月15日に開かれた「第62回新聞大会」の前日、朝日新聞と中日新聞は新聞印刷の相互委託を合意した。2011年春をめどに、朝日新聞は北陸地方で発行する本紙の印刷を中日新聞の金沢市内の印刷工場に委託。中日新聞は主に首都圏で発行している東京新聞朝夕刊の印刷の一部を朝日新聞系列の川崎市内の印刷工場に委託する。

2008年5月19日、在名民放ラジオ5社協議会（中部日本放送、東海ラジオ放送、エフエム愛知、ZIP-FM、愛知国際放送）に岐阜放送、三重エフエム放送を加えた東海3県の民放ラジオ7社は、9月1日から緊急地震速報を始めることで合意した。運用にあたっては、ラジオに固有の二次災害の発生を未然に防ぐため、事前に各社が協力して広報活動で周知することも決めた。

固有の二次災害とは、主に運転中のカーラジオ聴取による情報入手のばらつきに起因する追突や衝突などの交通事故を指す。情報提供の震度基準は「震度5強」で各社統一する。ラジオは速報放送の際に、すべての通常放送（音声）を中断することになり、リスナーに与える衝撃が大きく、二次災害リスクの増大が予想されるため、震度基準を気象庁の一般向け「震度5弱」よりランクを上げた「震度5強」とした。

新聞各紙が1ページ15段から12段へ。57年ぶりの大改革

読売新聞と朝日新聞は2008年3月31日の紙面から、1ページ12段制の採用に踏み切った。

これに伴って、読売新聞は新聞の文字を従来比約23％拡大した「メガ文字」に変更した。2000年12月に1行12字詰めのまま、1ページの段数を15段から14段に減らして文字を拡大してから約7年ぶりの見直し。

高齢化社会の進展とともに、パソコン作業の増加に伴う目の疲労が指摘される中、読売新聞社は2007年から、文字を大きくする改革を検討してきた。その結果、14段のままでは1行の文字数が減り、改行が増えるため、より読みやすくするには12段制が最も理にかなっているという結論に至った。

当初は4月以降の見直しを検討していたが、7月に「北海道洞爺湖サミット」、8月には北京五輪が開かれるため、一刻も早い移行が必要との判断から3月末に前倒しした。広告スペースは当面、従来通りの15段制を踏まえるが、段階的に見直す。第一段階として記事中など雑報広告のサイズ変更から着手。12段制での6段広告を「ハーフページ」広告として売り出す。15段制における7段広告より大きく、ページの真ん中で記事面と仕切れるのが利点。

朝日新聞も文字を大きくするとともに、1行の文字数を11字から13字に増やして、より読みやすい紙面を目指した。前段階として、2007年に基本文字をくっきりさせる修正を施している。今回は文字を大きくするだけでなく、紙面全体を読みやすくすることや情報量を確保することを重視。新聞文字は通常、横長の扁平だが、今回は横幅を変えず縦を約7％以上伸ばして正方形に近づけた。

日本の新聞は戦局が悪化した1944年に16段制を導入。戦後の1949年には紙不足を背景に過去最大の18段制が採用された。朝鮮戦争による特需に沸いた1950年、新聞協会の工務委員会は、1ページを15段、1行を15字、活字を6・3ポイントに統一することを決めた。

その後、読みやすい新聞を追求して各紙が研究を続けた。CTSの導入で文字拡大が容易になるという時代変化に合わせ、新聞協会も1981年7月「文字の大小については各社の創意工夫を了承する」との見解を示した。

朝日新聞はこれを受けて、東京・築地への社屋移転を終えた同年7月、30年ぶりに文字を拡大し、1行14字に移行。河北新報は翌年1月に1行13字、毎日新聞と読売新聞も1行13字に移行する「第一次大型化」を迎えた。1989年には読売新聞が1行12字に移行し、毎日新聞、朝日新聞が続く「第二次大型化」を促した。

1999年1月に西日本新聞が1行11字に移行したことで「第三次大型化」が始まる。読売新聞は翌年12月、1行12字のまま14段制とする半世紀ぶりの改革を断行。朝日新聞は2001年4月に1行11字、毎日新聞も5月に追随した。1950年の新聞協会決定から数えて57年ぶりとなる12段制は15段制からの脱皮であると同時に「第四次大型化」の動きといえた。

読売新聞、朝日新聞両社の呼びかけに応じて12段制への意向を社告などで表明した新聞社は2カ月で17社に及んだ。日本ABC協会の調べでは、12段制に移行する社と15段制を維持する社を合わせ日刊紙全体の76・9％が文字拡大の意向を示した。

中日新聞は２００８年３月17日の社告で、29日付朝刊から拡大文字を採用し、31日から紙面の刷新に踏み切る方針を伝えた。１ページ15段組は変えず、１行の文字数を11字から10字に変更。行間を広げることで１段当たりの行数も減った。岐阜新聞も３月24日付朝刊から拡大文字を導入し、１行11字から10字に変更した。

阪神・淡路大震災の教訓生きた、東日本大震災

国内観測史上最大となるマグニチュード９・０の巨大地震と、それに伴う福島第１原子力発電所事故による東日本大震災が２０１１年３月11日に発生した。明治以降では関東大震災、明治三陸地震に次ぐ地震被害となった。

地震直後から東北地方一帯が大規模な停電に見舞われた影響で12日付朝刊の発行に甚大な被害が出た。『デーリー東北』『岩手日報』『山形新聞』『河北新報』『茨城新聞』などは災害援助協定を結んでいる近隣県などの新聞社に組版や印刷を委託した。このほかの各社も予備電源を使い、ページ数を圧縮するなどして特別発行体制をとり、新聞発行を継続した。阪神・淡路大震災の教訓が生かされたものだ。

本社が津波で浸水し、新聞社としての機能不全に陥った『石巻日日新聞』は浸水を免れた印刷用ロール紙を利用した手書きの壁新聞をつくり、13日から６日間にわたって市内の避難所に

張り出し、情報を伝えた。

在京各紙は12日付朝刊以降、特別体制で被災地の被害状況や地震に伴う原子力発電所の事故などを大きく伝えた。朝日新聞と読売新聞は通常夕刊を発行しない13日の日曜日にも特別紙面を発行。東京新聞は12日付朝夕刊と13日付朝刊で関連情報を見開きA－1つなぎ紙面で特報した。当時の編集局長は「未曽有の大ニュースと考え、1面と最終面をつなげる紙面にすることを決めた。津波の被害も甚大で、福島第1原発の事故があったこともあり、3回連続で実施した」と決断の背景を明かしている。

放送局の多くは停電後も自家発電で放送を続けたが、発電機の燃料不足からやむを得ず停波せざるを得ない放送局が複数に及んだ。

2013年	1月	電子メディアサービス「中日新聞プラス」会員10万人突破。約半年で達成
	2月	東海テレビ、三重県の「名張毒ぶどう酒事件」を映画化
	4月	メ～テレ、開局以来初の視聴率3冠。「相棒」「報道ステーション」など
	10月	「特定秘密保護法案」で政府、報道の自由の明記前向きに
	12月	読売新聞東京本社ビル、11月28日竣工。1月6日開業
2014年	1月	中日長栄社・長谷川新聞舗　創業100年祝う
	3月	中日が3月から「学割プラン」。朝夕セット2500円で実施
		岐阜エフエム放送　3月末で解散（中日・岐阜新聞出資）
	4月	4月から消費税8%、主要紙が購読料料金改定の社告
		中日スポーツ日本初、新聞を使ってビンゴ紙面化、一枚ずつ印刷変える輪転機導入
		メ～テレ日本初、ダンス専門局テレビ開局
	5月	全日本広告連盟、在名の中日新聞社など6社とラジオ4局に大賞、交通安全キャンペーン展開
	9月	福島原発事故で吉田調書報道「命令違反し撤退」、朝日新聞、記事取り消し謝罪、木村伊量社長の進退に言及（11月20日退任）
		「朝日中学生ウィークリー」10月にリニューアル
	11月	「読売中高生新聞」創刊、全国エリアで販売
	12月	朝日、渡辺雅隆新社長、飯田真也新会長就任
2015年	2月	毎日新聞が5万号、日本で初の到達

	3月	ネット広告、初の1兆円超え、2014年国内の広告費 「FM AICHI」4月から「@FM」へ 50周年で局名変更
	4月	中京テレビ、14年ぶりに視聴率3冠王獲得
	5月	CBCラジオ、東海ラジオ AM・FMでも放送へ、今秋から
	6月	読売新聞社長に山口寿一専務、代表取締役3人体制
	8月	日経新聞、英FTを約1600億円で買収
	9月	中京テレビ、自社制作「マザーズ」で日本民間放送連盟賞の最優秀受賞
	12月	信濃毎日と中日、新聞印刷援助協定締結 中京テレビ、名古屋市内ささしま地区の新社屋を公開
2016年	2月	東海テレビ、52年に及ぶ昼ドラ終了、4月から夜ドラ「土ドラ」全国ネットで制作 電通、純利益726億円にのぼる。東京五輪関係の広告が貢献
	3月	中日新聞社、3・11東日本大震災義援金、90億1600万円送金
	7月	「ジブリの立体建造物展」豊田美術館で始まる。中日新聞社と中京テレビが共催
	9月	中日東京本社（霞が関）前に「大型電子新聞」設置。国内初の4Kサイズ 日経新聞と電子版購読数、合計321万5582 劇団四季「名古屋四季劇場」が完成、10月16日オープン
	10月	中日新聞社 中日ビル建て替えへ、19年3月に閉館、劇場は18年春に営業終了

2016年	11月	全日本大学駅伝（熱田神宮～伊勢神宮）、青学大、悲願の初優勝。名古屋で朝日渡辺社長から優勝旗
		CBCに「ローカル・ドラマ賞」
	12月	中日と河北新報が「被災体験を聞く会」。語り部3人が大震災を忘れないシンポ伊勢市で開催
2017年	2月	中日、浜松に新印刷拠点、都田工場竣工、免震備え災害に強い
	3月	CBC、「ゴゴスマ」が視聴率1位。名古屋制作の情報番組
		中日、「久屋中日ビル」誕生。中日ビル建て替えで取得、前電通中部支社ビル
	4月	毎日、最新鋭輪転機が群馬で始動。北関東に高品質カラー面
		CBC看板（ナゴヤドーム）、直撃で賞金1億円。CBC提供
	6月	中日、新社長に大島宇一郎常務昇格。小出宣昭社長は顧問
		月刊誌「新聞ダイジェスト」5月号で休刊
		東海ラジオ、初のLINE映像配信スタート
	7月	少年棋士藤井聡太、東海テレビ自社制作番組、視聴率後押しゴールデン帯2桁獲得
		CBCテレビ、ラジオがLINEで地元ニュース発信
	8月	名古屋で第22回NIE全国大会開催。東海地方で初めて。全国から2200人参加
	9月	岐阜新聞、9月で夕刊廃止
		在名民放ラジオ5社、初のリレー生放送
	11月	東京銀座朝日ビル竣工式、創業の地に

2018年	1月	東海テレビ制作映画「人生フルーツ」、キネマ旬報1位に輝く
		CBCラジオ、「1／6の群像」文化庁芸術祭大賞に輝く。47年ぶり
	6月	メ～テレ、開局初のギャラクシー賞大賞。「変わる自衛隊」地域を掘り起こす骨太作品
	7月	メ～テレ、8Kカメラ、在名民放局で初導入
	10月	東海テレビに「菊池寛賞」贈る。地方発ドキュメンタリーで
	12月	中日、名古屋・北区に新印刷工場完成。国内最大規模
2019年	2月	「読売新聞オンライン」1日スタート。紙とデジタルがセット
		新中日ビル、建て替え計画を発表、31階建て、ホテルも
	3月	CBCテレビ、新番組「チャント」4月スタートで、平日午後は5時間生放送
	4月	民放連、ラジオAM放送廃止、FM一本化
	5月	「令和」厳かに幕開け、号外、特番で報道
	10月	毎日新聞、新聞協会賞、日本最多の31回目に輝く
		日経大阪工場が稼働。読売大阪本社と福井新聞が相互援助協定
	11月	中日名古屋本社、街の話題を記事化した「地域新聞」10月から地方版に登場
2020年	3月	中日総合サービス（中日100%子会社）、紙とネットで相乗効果
	6月	在名民放4局、「ロキポ」（無料配信動画サービス）開始
	9月	静岡新聞、変革へ核心リポート発表、シリコンバレーへ社員派遣

2020年	9月	中日、26年ぶりに購読料改定、セットで4400円に
2021年	2月	名古屋・栄の「新中日ビル」(仮称)起工式、2024年秋開業
		日刊紙、1年間で272万部消える
		朝日新聞社長に中村史郎副社長、日経新聞社長に長谷川剛氏が決まる
	3月	電通、過去最大の赤字計上1595億円
		朝日新聞名古屋本社版、5万号(明治12年創刊)
	10月	中日、24年ぶりに調査報道で日本新聞協会賞に輝く。署名偽造にアルバイト動員で愛知県知事をリコールへ。西日本新聞と協力
2022年	2月	毎日新聞社長に松木健東京本社代表、6年ぶり交代
	3月	毎日新聞創刊150年迎える
	5月	中日・岐阜両新聞、来夏から「ぎふ長良川花火大会」で一体化へ
	6月	在名民放5局、全て増収増益。広告が好転
		CBC、テレビとラジオで大賞。第59回ギャラクシー賞で
	7月	劇団四季「キャッツ」17年ぶりに名古屋に。7月18日からロングラン上演。2023年11月日本公演40周年の名古屋公演も決定
		安倍元首相、銃撃死。テレビ、新聞が緊急報道速報
2023年	1月	電通グループの国内事業を担う「電通ジャパンネットワーク」が「関西代表」「中部代表」を新設
	2月	名古屋の民放ラジオ4局とNHKが、〝最強ラジオ王〟かけて番組外で初のイベント

3月	開局65周年の東海テレビ、柱は「ＳＤＧｓ」「共創」
	毎日新聞社、中部本社管内で3月末で夕刊休刊
4月	朝日新聞社、5月1日から東海3県で夕刊休刊
	中日新聞社と中部日本ビルディング社、来年開業の中日ビル（名古屋・栄）のロゴマーク、タグラインを発表
5月	「週刊朝日」創刊101年で休刊
	中京テレビ 新社長に伊豫田祐司専務を発表
6月	読売新聞東京本社社長に村岡彰敏氏
	ＣＢＣ新体制。中部日本放送会長に杉浦正樹氏、同社長升家誠司氏、ＣＢＣテレビ社長松波啓三氏
8月	大島宏彦・中日新聞社最高顧問死去。社長、会長歴任、中日ドラゴンズ元オーナー
9月	公取委、ネット配信記事の対価「格安は違法」と言及
	北海道新聞、今月で夕刊休刊。道新デジタル拡充
	信濃毎日新聞、9月末で夕刊休刊
10月	メ〜テレ開局60周年で映画「女子大小路の名探偵」を制作
11月	「ジブリパーク」第2期開園、大島中日新聞社社長、大村愛知県知事らがテープカット

敵対から協調へ。ＩＴ活用で変わり始めた新メディアとの関係

『新聞報』が伝えてきた70年間の紙面を振り返り、折々のエピソードを辿る企図を締めくくる２０１３年から２０２２年までの10年では「次の10年」につながる新たな考え方や仕組みが生まれ、広がり始めた。それは、世の中がこれまでの価値観や尺度などでは測れなくなるほど変貌していることを示す動きでもあった。

例えば、活字を紙に印刷する旧来の新聞とＷＥＢ上に無尽蔵に溢れるサイトとの関係である。誰しもが認めるように、ある事件や事故を伝える「速報性」ではサイトが圧倒的に優位である。一方、伝え方を含めた「信頼性」では、まだまだ新聞をはじめとするオールドメディアに分があるようだ。

しかし、時代の大きな流れは、かつて敵対していた両者を協調の関係に向かわせた。当の新聞社が自らのサイト運営に力を入れ始めたのが何よりの表れだ。こうした変化が起きているのは記事分野ばかりではない。２０１３年以降、ネット広告が急伸している。紙に印刷された広告よりも、ネットを介した広告のほうにスポンサーやクライアントが価値を見い出している分かりやすい証左である。

事は新聞の世界にとどまらない。２０１９年の調べではネット広告費がテレビを抜いた。ネ

ット広告はそれほどの力を持ち始めた。テレビが世の中に登場した当初、今日の新聞とサイトの優劣を比較するように、速報性と信頼性が論議された。今後はそれぞれの利点を生かしながら、互いが高め合う「ＷｉｎＷｉｎ」を目指す動きが一段と進むと思われる。

総務省は２０１４年４月１日にＦＭ補完中継局の開設を可能とするための制度整備を実施した。同年１月作成・公表された「ＡＭラジオ放送を補完するＦＭ中継局に関する制度整備の基本的方針」を踏まえたものだ。ＦＭ補完とはＦＭ放送用の周波数でＡＭ放送の番組を放送する仕組み。ＡＭ放送局の放送エリアにおける「都市型難聴対策」「外国波混信対策」「地理的・地形的難聴対策」「災害対策」として活用するのが狙い。

東日本大震災が起きた時、ラジオは「ファーストインフォーマー(第一情報提供者)」として、地域にいち早く災害情報を提供し、住民の安全・安心を確保するための役割を果たした。半面、電子機器の普及や建物の堅牢化などによる難聴、送信所の防災や老朽化、厳しい経営環境など、直面しているさまざまな課題も浮き彫りとなった。

こうした問題意識から「放送ネットワークの強靭化に関する検討会」が２０１３年２月に開かれ、同年７月に取りまとめられた。今回の措置はそうした経緯を踏まえた取り組み。ＦＭ補完放送では、新たに使用可能とした周波数（90・0～94・9メガヘルツ）を加えた周波数（76・

1～94・9メガヘルツ）でAM放送の番組を流す。

2015年2月12日、毎日新聞は東京本社と北海道支社で創刊5万号を発行した。1872（明治5）年に前身の『東京日日新聞』が創刊されて以来、143年での大台達成である。紙齢が5万に達するのは日本の新聞で初めて。

同社は主筆、伊藤芳明名で、東京日日新聞第2代主筆の福地桜痴が西南戦争の際、他社が京都発で原稿を書く中、一人鹿児島の戦地に入って臨場感ある記事を書き続けたことに触れ「伝達手段は変わっても、現場に立ち、事実と謙虚に向き合い、信頼できる情報を責任を持って発信する、桜痴が実践を心がけた原点は変えてはならないと信じる」と新聞の果たすべき使命を訴えた。

伊藤の論調は、報道のあるべき姿を明快に示している。それは、発表の場や形式が異なっても通用する大原則であり「ＷｉｎＷｉｎ」を支える姿勢ともいえよう。

これまで見てきた10年ごとの区切りと同様、この10年でも大地震が起きている。2016年4月14日に発生した熊本地震である。同日にマグニチュード6・5、震度7、16日にマグニチュード7・3、震度7を観測した。同じ地点で震度7が2度観測されるのは初めて。当初は14日の揺れが本震と想定されたが、16日にそれより大きな数値を観測したことから、14日が前震で16日が本震と訂正された珍しいケースであった。

この地震では、マスコミ報道にITが積極的に活用された。例えば、地元の『熊本日日新聞』は朝刊1面と社会面、夕刊1面の紙面イメージを無料公開した。全国紙では、朝日新聞が有料のオンラインサービス『朝日新聞デジタル』を無料開放。毎日新聞も定期購読者限定の（有料）紙面イメージ閲覧を西部本社版朝刊に限り無料開放した。

読売新聞は西部本社発行の朝刊1面と総合面、社会面、熊本県版の紙面イメージを『YOMIURI ONLINE』で臨時公開した。新聞がWEBを有効活用した事例だ。テレビもラジオも地震発生直後から放送中の番組を中断または休止し、報道特別番組に切り替えた。

初めて1兆円を超えたインターネット広告

WEBを活用した新たなシステムとオールドメディアとの歩み寄りは広告の世界ではっきりとした動きを示した。

電通が2015年春、明らかにした「2014年日本の広告費」によると、総広告費は6年ぶりに6兆円を超過。このうち、インターネット広告費が初めて1兆円を超えた。インターネット広告費の伸びは前年比12・1％増。スマートフォン、動画広告、新しいアドテクノロジーを利用した広告が全体の押し上げに貢献した。

4年後の「2018年日本の広告費」では、総広告費が6兆5300億円（前年比2・2%増）で7年連続のプラス成長を示した。インターネット広告費は1兆7589億円（同16・5%増）と好調で、地上波テレビ広告費に迫る伸びを見せた。初めて1兆円台に乗せて以来、インターネット広告費が総広告費をけん引している。

市場全体で捉えると構造変化が進行。インターネット広告だけで解決できないマーケティング課題を従来の媒体と組み合わせる統合ソリューションがより進化した。データやテクノロジーを活用し、既存媒体の強みをさらに高めていく取り組みである。

続く「2019年日本の広告費」ではインターネット広告費が2兆1048億円（同16・5%増）と、初めて2兆円台に達した。1975年から首位の座にあったテレビメディア広告費を抜き、頂点を極めた。デジタルを起点にした既存メディアとの統合ソリューションが進展したことが要因。この年は広告業界の大きな転換点となった。

オールドメディアとデジタル媒体との歩み寄りは新聞の世界でも見られた。2016年8月2日、中日新聞は東京・内幸町の東京本社ビル正面に設置したデジタルサイネージを利用した電子新聞を稼働させた。電子新聞を通じて、紙の新聞の新たな力を認識してもらうのが狙い。電子新聞は高輝度の4K、84インチ大画面のタッチパネルを使ったもので、屋外型としては国内初。

刷りたての新聞の実物を貼っていた従来方式に代わるもので、紙面の閲覧だけでなく、タッチパネル操作で紙面を拡大・縮小したり、ページをめくったりすることができる。デジタルの特徴を生かし、東京新聞朝夕刊と東京中日スポーツ全紙面、貼り出し号外を掲出する。サイネージ上に設置されたセンサーカメラの働きで、一定の範囲内に人が近づくと画面が切り替わる仕組みも取り入れた。

2016年11月21日、中京テレビは創業地の名古屋市昭和区高峯町から中村区平池町（ささしまライブ24地区）に本社屋を移転、同日から新社屋での放送を始めた。これに伴い旧本社の敷地内にそびえていた電波塔、東山タワーは専用送信塔の役目を終了。同局移転後は在名FMラジオ局の送信所、名古屋高速道路公社の業務用無線基地局、NTTドコモの中継所として活用されている。

CBCテレビは東海地方のニュースの新たな配信先として、LINE社が展開するニュース配信プラットフォーム「LINEアカウントメディア　プラットフォーム」に2017年6月27日から参画した。「CBCテレビNEWS」のLINE公式アカウントをフォローすれば平日夕方に配信を受けることができる。

ＣＢＣラジオも同日、同プラットフォームに「ＲａｄｉＣｈｕｂｕ（ラジチューブ）ｂｙＣＢＣラジオ」を開設し、ニュース配信を始めた。テレビと同様、フォローすることで利用者は配信を受けることができる。

新たなメディアとの共存をめぐる取り組みはラジオ界でも試みられた。在名民放5局が垣根を越えたリレー放送を２０１９年9月10日に行った。若者がなりたい職業の上位にランクされるユーチューバーに狙いを定めた「Ｙｕｍｅ　Ｔｕｂｅ～あなたの夢をラジオがつなぐ～」を19時から生放送。「＠ＦＭ↓ＣＢＣラジオ↓ＺＩＰ-ＦＭ↓Ｒａｄｉｏ　ＮＥＯ↓東海ラジオ」と各局30分刻みでリレーした。

名古屋に本社を置く民間放送テレビ4局（東海テレビ、ＣＢＣテレビ、中京テレビ、テレビ愛知）は番組や地域情報などを配信するサービス「Ｌｏｃｉｐｏ（ロキポ）」を２０２０年3月27日に開始した。ローカル局が共同で動画配信事業を手がけるのは国内で初めて。4社の持つコンテンツを一元化し、スマートフォンやパソコンなどを使い、無料のアプリかＷＥＢサイトから視聴できる方式だ。

２０２０年6月28日、大手紙や出版社、主要テレビ局などの一次コンテンツメディア28社はデジタル広告の配信で連携する「コンテンツメディアコンソーシアム」の創設を発表した。28社は「食べログ」などの運営会社を傘下に持つデジタルガレージの子会社に出資。28社が展開する約150媒体のコンテンツメディアに対する信頼性をベースに、高品質で安全な広告提供を目指す。通常は競合関係にある会社同士が協力することで、外資系の巨大IT企業に対抗する狙いもある。

平成から令和へ。厳かに始まった新たな時代

2019年2月15日、中日新聞社と子会社の中部日本ビルディングは名古屋市・栄の中日ビルを建て替えて建設する新ビルの基本計画を明らかにした。2024年開業を目指す。

新中日ビルは地下4階、地上33階、高さ約158メートル（旧ビルは約53メートル）で低層部から階段状にせり上がる設計。栄地区のランドマークとして機能させる考えだ。高層部の24〜32階には三菱地所子会社が運営するホテルが入居。宿泊主体型で246室を設け、リニア中央新幹線開業後の観光客やビジネス客などの取り込みを狙う。開業を控え正式名称は「中日ビル」となった。

発表会見の席上、中日新聞社長の大島宇一郎は「名古屋に拠点を置く新聞社として、地域の活性化は最重要の使命」として、グループの総力を挙げて取り組む意欲を表明。「新中日ビル

は、半世紀の記憶と遺産を継承し、周囲との調和を図りながら機能を進化させていく。旧ビルが目指してきた文化の発信拠点機能に加え、ビジネスの拠点、国際的なものも含めた機能の強化を目指すことは、時代の要請」と建て替えの意義を訴えた。

日本民間放送連盟（民放連）は２０２８年までにＡＭラジオからＦＭラジオへの転換を促す制度の改正を求めた。２０１９年３月27日に総務省が開いた有識者会議で民放連代表が表明した。国内に47社ある民間ラジオ局の多くは広告収入の低迷を受け、番組の放送を災害対策として実施しているＦＭによる補完放送（ワイドＦＭ）に一本化する考えが強い。

制度改正が実現すれば、北海道など一部地域を除き、民放ＡＭが将来なくなる可能性がある。とはいえ、既存のＡＭ局がなくなるのではなく、送信がＦＭに切り替わるだけ。ラジオアプリの「ｒａｄｉｋｏ（ラジコ）」を利用している聴取者には影響がないが、旧来のラジオで楽しむ場合はワイドＦＭ対応受信機付きに買い換える必要がある。

ドイツやフランスでは２０１５年にＡＭによる公共放送を停止。北欧ではラジオ放送自体が廃止され、ネットラジオに移行している。ＡＭラジオの送信には消費電力の大きな施設が必要であるため、東日本大震災では一部の送信所が使用不能に陥った。民放連の要請にはこうした状況も響いていると思われる。

2019年4月30日に平成時代の天皇陛下が退位され、5月1日に新天皇が即位されて新しい時代「令和」が幕を開けた。天皇の退位は1817年の光格天皇以来202年ぶり。憲政史上では初となる。新聞各紙は特集紙面や号外を制作。放送各局は報道対応を拡充し、皇居での退位礼の儀や「平成」を振り返る番組を放送し続けた。

新天皇陛下の即位を受け、毎日新聞は1日、号外約7万3000部を発行し、全国各地で配布した。東京都内では4カ所で配った。朝日新聞は同日午後「令和始動　新天皇が即位宣言」の号外（ブランケット判4ページカラー）を発行。都内4カ所で計1万3000部を配布した。

中日新聞は、前天皇が「退位礼正殿の儀」に臨まれたことを伝える号外を4月30日夕、名古屋市内の主要地域で配布した。5月1日午後には即位後朝見の儀を受けて号外（ブランケット判2ページカラー）を発行し、東海地方の街頭で配布した。翌2日には同号外を本紙朝刊に折り込んで読者に届けた。

社会の動きに急ブレーキかけた新型コロナウイルス禍

「ぼく／きょうは／ようちえん／テレワークにする」――。2022年5月5日付読売新聞「編集手帳」からの孫引きである。同紙「こどもの詩」に寄せられた一編。親の姿を見たり会話を聞いたりして、幼稚園に行かずに済む方法を子どもながらにひねり出したものだろう。

テレワーク、リモートワーク、在宅勤務など、出社せずに自宅で業務を行うことを表す言葉はいずれも、２０１９年に発見された新型コロナウイルス感染症（ＣＯＶＩＤ‐19）のまん延を機に広まった。社会の仕組みを変えるほどのインパクトがあったということだ。

厚生労働省は「中華人民共和国湖北省武漢市における新型コロナウイルス関連肺炎について」（令和2年1月22日版）で「我が国では1名の感染者が報告されております」と明記。「当該感染者は既に軽快。外出時にマスクを着用していたことを確認済み」と記載している。「（当該患者の）濃厚接触者は全て特定し、健康観察対象者としている。現時点での感染者の健康観察対象者15名全員について健康状態に問題は見られず、感染者や体調不良者は確認されていない」と報告している。

ここまで詳しく追跡調査が行き届いているのは、感染者が「たった一人」であるからに他ならない。やがてパンデミックを引き起こす、その後の感染者の爆発的急増は記憶に新しい。働き方に象徴される社会の仕組みや経済のシステム、治療にあたる医療機関現場にも大きな影響を与えた。感染への社会不安からさまざまな恒例行事やイベント、スポーツ競技会などの中止、延期が続出した。

飲食店をはじめ、不特定多数の人が集まる場所では「三密」（密閉・密集・密接）の回避に神経をとがらせ、アクリル板による仕切りや消毒液の設置が定着。マスクの着用励行や行動制限などで国民は不自由な生活を強いられた。

2023年5月8日、新型コロナウイルス感染症の法律上の位置づけが「2類相当」から「5類」となった。これに伴い、内閣官房は感染対策を「法律に基づき行政がさまざまな要請・関与をしていく仕組み」から「個人の選択を尊重し、国民の皆様の自主的な取り組みをベースとしたもの」に変更するとの方針を示した。しかし、7月には沖縄県で週1万人のペースで感染者が出るなど、再び増加傾向を示し始めた。

2020年4月には、日本新聞協会販売委員会が「新型コロナ対策調査」を実施。それによると、各社は感染防止のため販売局員を出社組と在宅勤務組の2班に分けるなどの対策をとっていることが明らかになった。勤務場所やエレベーターを分けている社もあった。多くの社が販売所従業員に感染の疑いがあれば、速やかに担当員に報告するよう義務付けている。接触機会を減らすため、配達員宅に持ち部数を届けることで店舗での密集を避けている販売所や戸外の中継地点を決めて新聞を引き渡している店もあったという。

「JOD」が開いた新聞ジャーナリズムの新たな地平

日本新聞協会は2021年10月6日、同年度の新聞協会賞（全6件）に中日新聞・西日本新聞の「愛知県知事リコール署名大量偽造事件のスクープと一連の報道」を選出。「発行地域が異なる両紙が連携し、民主主義の根幹を揺るがす重大な事実をあぶりだした調査報道」と高く評価した。

互いに異なる発行エリアで取材・報道する両ブロック紙は、LINEなどで読者から寄せられた情報を基に取材を進める「オンデマンド調査報道（ジャーナリズム・オン・デマンド＝JOD）」の取り組みで連携している。全国紙では例のない、地域密着のニュースを掘り起こす相互の手法が功を奏した格好だ。

2019年8月に開催された国際芸術祭「あいちトリエンナーレ」の企画展をめぐり、大村秀章愛知県知事のリコールが始まる。署名活動では、県の有権者86万人のうち、約43万人分が提出された。しかし、両紙はこの署名が佐賀県内で組織的に大量偽造されていた事実を2021年2月16日付朝刊1面で特報した。

当時の中日新聞の担当記者は『新聞報』に手記を寄せ、両社の情報提供がJODの枠組みで実現したことを強調。「（前略）新聞の部数減に歯止めがかからない中、各紙の地域力をネットワーク化し、新聞ジャーナリズムの新たな地平を切り開くのが狙いだ。発行エリアが違うとはいえ、ライバル他社に特ダネを渡す――ひと昔前ならあり得ない連携が実現した背景に新聞ジャーナリズムの変容があるのは間違いない」と結んでいる（第4章「新聞報の70年」に関連記述）。

中日新聞と岐阜新聞が岐阜市の長良川河畔で個別に開催していた花火大会は２０２３年夏から「ぎふ長良川花火大会」として共同開催されることが決まった。岐阜市長、岐阜商工会議所会頭、両新聞社代表らが２０２２年４月27日開いた記者会見で明らかにした。「花火は岐阜の夏を彩る風物詩。オール岐阜市で新しい大会をつくりたい」と意気込みを述べた。

これまでの花火大会はそれぞれ約３万発（推計）を打ち上げる大規模な催しで、県内外から約30万人の観覧客を集めていた。しかし、コロナ禍などにより３年連続で中止されていたため、早期の再開を望む声が高まっていた。

スタジオジブリ作品の世界観をテーマにしたテーマパーク「ジブリパーク」が２０２２年11月１日に開園した。２００５年に開かれた日本国際博覧会（愛・地球博）会場跡の記念公園内に映画で描かれた建物や施設を再現。中日新聞とスタジオジブリが共同出資した「ジブリパーク」が運営する。

第１期分として「ジブリの大倉庫」（スタジオジブリの資料や巨大なぬいぐるみなど）、「青春の丘」（『耳をすませば』『猫の恩返し』）、「どんどこ森」（『となりのトトロ』）――の３エリアが開設。「もののけの里」（『もののけ姫』）が２０２３年秋に、「魔女の谷」（『魔女の宅急便』『ハウルの動く城』）が２０２４年３月にオープンし、第２期が完了する。

開園日に中日新聞と東京新聞は通常の新聞を丸ごとくるんだ〝ラッピング新聞〟を発行した。この珍しい発行形態には好意的な反響があり、駅売りは平常時に比べ販売部数が大きく伸びた。読者からは「驚いた」「記念になる新聞」などという声が上がった。販売店従業員からも「きょうの新聞が配れたのは誇り」といった声が寄せられた。

ジブリパークの敷地と建物を整備した愛知県は「自然の叡智を掲げた愛知万博は、環境・人・生き物・地球への愛をテーマにしたもので、ジブリの作品の中にも一貫して描かれており、この公園でジブリの姿が表現できることは愛知万博の理念の継承となる」としている。

すでに始まっている「どこでもドア」ならぬ「誰でも発信者」時代

かつて「書く」仕事は限られた人たちが「紙」媒体を舞台として「職業的に関わる」ものであった。新聞、雑誌の記者や小説家をはじめとするさまざまな書き手たちによる、半ば閉ざされた世界である。

ところが、インターネットの爆発的な普及で「書くこと」の間口は広がり、誰もがたやすく「閉ざされた世界」に入れるようになった。WEBライティングの台頭だ。『ドラえもん』のひみつ道具「どこでもドア」ならぬ「誰でも発信者」時代の到来である。

徹底的に裏を取ることを厳しく訓練された職業的な記者の世界に、ある種の勢いと感性で「うまい文章」が書ける達者な素人が参入してきた。彼らの活躍の場はたいていWEB上のサイトである。サイト記事を疑わしく感じる人が多い理由は、彼らが必ずしも職業的な訓練を受けた書き手ではない点にある。

大方の新聞社が紙媒体とは別に、運営する自社のサイトで「電子版」を提供している昨今、サイト記事を頭ごなしに否定することはナンセンスだろう。当たり前の話だが、新聞社は紙に印刷する記事と電子版の記事をわざわざ「書き分けている」のではなく、同じ記事データを「使い分けている」のである。

問われるべきは、紙かデジタルかという媒体の姿ではなく、媒体になるまでの企画・取材・執筆における、表現者もしくはクリエイターとしての力量の差であろう。同じことは「視聴者提供」などというテロップと共に報道番組などでしばしば使われる一般投稿映像についてもいえるだろう。事故現場や災害現場では、プロの取材クルーを乗せた中継車が到着する前に、地元住民のスマートフォン映像が放送局に飛び込むことは珍しくない。当の放送局でさえ、必要に応じてスマホで撮影した映像を電波に乗せているほどだ。

新聞社・放送局・広告代理店が長い時間をかけて培ってきた旧来の姿やしきたり、仕組みなどを根本から変えたのは本編でもたびたび触れたＩＴ（情報技術）の台頭と進化によるものであることは論を待たない。昨今では「チャットＧＰＴ」に代表される生成ＡＩの登場で、さまざまなクリエイティブワークにおける「プロの壁」がいとも簡単に崩されようとしている。

『新聞報』が伝えてきた70年間の紙面を題材として、東海地方におけるマスコミ業界を時系列で俯瞰してきた本稿もようやく終盤に差し掛かった。章を閉じるにあたって、過去と現在に続く未来の展望を試みたい。遠い未来ではなく、すでに始まっている未来の。

新しい仕組みの中で創造する新たな価値観

「日本の新聞業界は配達する販売店ネットワークの大きさが重要だったが、これから重要になるのは発行部数や販売店網ではない。質の高いコンテンツをデジタルで読者に提供できる新聞社が有料会員を多く獲得し、新しい時代の『勝ち組』になっていくのだ。そのために新聞社はあの手この手を考え、悪戦苦闘の日々を送る」。

元『プレジデント』編集長でITOMOS研究所代表を務める小倉健一氏は著書『週刊誌がなくなる日』（ワニ・プラス）で、新聞におけるデジタル化の現況（2022年時点）をそう伝える。

新聞を含むマスメディアはかつて、立法、行政、司法に次ぐ「第4の権力」と呼ばれた。その中でも最も古いメディアである新聞社は、時に政権の方向を変えさせたり、退陣させたりするほどの力を持っていた。それが今、一部地域における夕刊の廃止や組織の再編、他社との統合など、生き残りをかけた経営の見直しを迫られるほどに退潮著しい。

その最前線で起きている変化を小倉氏は指摘している。新聞社が勝ち残る道は、単に紙からデジタルへの置き換えではない。これまでにはなかった新しい仕組みの中で新しい価値観を創造していかねばならないというのだ。

新聞社の信用力にデータ力と技術力を掛け合わせる

現在の新聞の「力」を示す客観的なデータを紹介しよう。新聞協会の公表する発行部数、「日本の広告費」(電通)による新聞の広告費は2000年以降、いずれも右肩下がりで推移しており、直近の10年では3割以上落ち込んでいる。

ビデオリサーチ社の調査では「生活者が新聞メディアに接触する率」は2012年から22年にかけて34・8%から8・5%と、大幅に減少した。

その一方で「全国新聞総合調査」では「情報の内容が信頼できるメディア」として新聞を挙げた割合は58・7%であった。部数減が深刻視される中でも、6割近くの人が新聞に信頼を寄せていることが分かる。

新聞というメディアの特性や紙面の作り方、次代を担う人材育成などは各社の考え方による違いがあるので、本稿では、特に「新聞広告の器としての新聞」に照準を合わせる。

ビデオリサーチの調べ(2022年4〜6月度、男女12〜69歳対象)によると「信頼できる広告である」「広告の内容をしっかり見る」の項目で「新聞広告」を挙げる率が非常に高かった。広告主が訴求したい内容をきちんと届けられるメディアとして、新聞が高い評価を受けていることを示すものであろう。「全国新聞総合調査」で「信頼できるメディア」とされた結果とも符合する。

新聞には「真面目さ、誠実さ、社会性の高さ、公共性」など、総じて前向きなイメージを抱かれることが多い。WEBを含む、さまざまなメディアの中でも高い信頼性を誇る新聞がその特性を生かしながら、第4の権力を発揮することが新聞の未来につながるのではないかという見方もある。

例えば、日本経済新聞と電通は「Well-being Initiative」「GDW (Gross Domestic Well-being)」という取り組みで連携している。前者は豊かな暮らしの実現を産学官で連携し、協賛企業のトップがセッション形式で議論する様を両社がフォローする。後者は従来のGDPに代わる新たな社会指標として、国民一人一人の暮らしの豊かさを提唱する。

これに先立つ2018年12月、日経は「新聞広告IoT宣言」を発表。インターネットテクノロジーを活用した新聞の価値向上に取り組んでいる。この取り組みは2019年の新聞協会賞経営業務部門を受賞した。

日経の保有するデータベース「日経ID」と、デジタル上で紙面を閲覧できる「紙面ビューアーアプリ」を組み合わせた分析も可能だ。例えば「紙面ビューアーアプリ」の閲覧記録から紙面ごとの滞在時間を測り「日経ID」の属性データと掛け合わせれば、属性別の注目率や、広告がどの層に最も訴求できたかを推定できる。

先にも述べたように、WEBを活用した新たなシステムとオールドメディアとの歩み寄りは広告の世界ではっきりとした動きを示している。日経の取り組みはその実践であろう。記事を印刷した「紙」から、データや技術の力を掛け合わせた「新たな媒体」へ。その舵取りこそが、新聞各社の命運を握っているのではないか。

「見たこともないものを見せる」テレビの原点へ

新たな時代への、新たな対応を迫られているのは新聞ばかりではない。インターネットを介して溢れるほどのコンテンツを送り出している、さまざまなWEBメディアとの闘いを強いられている放送局も同様である。

放送局のうちでもテレビ部門はすでに、いわゆる見逃し配信の仕組みを導入して自社コンテンツの視聴を促している。定額有料動画配信（SVOD）や広告型無料動画配信（AVOD）なども各局が取り入れている。

こうした新たな環境の中では、広告費の指標として長らく重視されてきた視聴率の意味合いも変わってくる。端的にいえば、世帯視聴率から個人視聴率に重きが置かれるようになってきたからだ。1台の家具調テレビから流れる番組を茶の間で家族揃って見るという視聴形態はもはや「テレビの在りし日を偲ぶ」歴史的光景となってしまった。

このことは、かつて映像メディアとして絶対的優位にあったテレビの座が揺らぎ始めたことを物語る。要するにテレビの価値が変わってきたのだ。視聴率至上主義の時代には、ある局でヒットした番組の類似番組が雨後の筍のように他局でも作られた。結果的に、各局は一種の同質化競争に陥る。広告主の立場からいえば「どこも同じような番組となってしまい、決め打ちができなくなる」わけだ。

生放送か収録による放送かを問わず、かつては一度だけの放送だからこそ、その番組を規定の放送時間に視聴する価値があった。再放送を視聴する手段はあるものの、それさえ、放映時間が決められている。その制約を取り払うのに貢献したのが、録画という手段である。視聴率の意味合いはこのあたりから、絶対的でなくなり始める。ある日のある時間にどういう番組を視聴したかという決定的な尺度が意味をなさなくなるからだ。

近年はこれらに加えて、コンテンツ販売という新たなビジネスが登場した。いつでも、どこでも、何度でも見られる手軽さは、もはや視聴率とは無縁の世界である。日本テレビの創始者であり、わが国の民間テレビ事業を牽引した正力松太郎氏は「視聴者の見たいものを見せるのではなく、見たこともないものを見せるものだ」という思いをテレビに寄せたとされる。

正力翁の言葉は現代にも十分に通用すると思われる。やや硬い表現を用いれば「知的好奇心を満たすこと」こそがテレビに課せられた大きな役割であろう。実際、大手広告主の経営幹部は「エモーショナルにメッセージを届けられるテレビの価値は大きく、むしろ効果的。私たちは物を売るのではなく、物がある豊かな暮らしを提案している。そこには視聴率は関係ない」と肯定的に捉える。

前述のように、今日の番組制作では、業界標準の業務用録画機材、ベータカムを補う形でスマホが活用されている。インタビューに際して撮影した動画の中からベストショットを選んで静止画像を切り抜くという手法も普通に行われている。新聞と同様、最新のデジタル技術を積極的に取り入れることがテレビを中心とする放送の世界の新たな地平を切り拓くきっかけになるのではないだろうか。その答え合わせは、すでに少しずつ明らかになり始めているのかもしれない。

時代とともに広がってきた広告会社のビジネス範囲

目の前に2つの商品がある。一方はテレビコマーシャルや雑誌広告などで盛んに宣伝されている有名メーカーのもの。他方は初めて目にする、全く知らない製造元のもの。どちらかを選べといわれれば、多くの場合、人は前者を指さすのではないだろうか。一度でも見聞きした商品であれば安心感を覚える。同じ価格や中身、機能であっても、初めて触れるものに対しては好奇心と共に警戒心を抱きがちだ。人は知らず知らず、コマーシャルや広告などを介して見聞きしたことのある商品に心を許す。その結果「知っている商品」を選ぶ。知っていることが信用の裏付けにもなるからだ。

商品やサービスを提供する企業はメディアを通じて自社製品の優れた点や良さといったプラスイメージを消費者や利用者に訴える。この際、商品やサービスを宣伝したい企業に代わってコマーシャルや広告を手がけるのが広告代理店である。つまり、広告主（企業）とメディアの間に立って、双方にしかるべき利益をもたらす役割を担っているわけだ。

業態として世の中に知られるようになったころは読んで字のごとく「広告（活動）」を「代理」する「店（生業）」であったが、やがて、その企業や商品、サービスに限らず、マーケティングやプロモーションといった分野にも携わるようになる。このため、かつては広告代理店と呼ばれていたが、現在は広告会社、エージェンシーなどと称されることが多い。

日本の産業をさまざまな側面から支える商社が総合、専業、特定企業の系列下に分かれ、それぞれの存在感を示しているように、広告会社もまた便宜上、総合広告、専門広告、企業専属の代理店などに分かれ、メディア各社との緊密な関係を保っている。

広告会社が産声をあげた当初は4大マスメディア（新聞、雑誌、ラジオ、テレビ）の広告を扱うことが課せられた大きな業務であった。商品やサービスの宣伝という限られた枠組みにとどまっていた仕事はやがて国際的なイベントや競技大会の企画・運営などに拡大。旧来の「広告」という小さなくくりでは捉えきれなくなってきた。

実際、メディア業界と半ば一心同体で成長・発展してきた広告会社は、メディアの持つ広告枠の確保や企業への売り込みを柱としながらも、広告営業以外のビジネスにも力を入れている。例えば、クリエイティブ部門では、より効果的な広告物の制作を目指して広告主である企業の意向を最大限に引き出すことに注力する。マーケティング部門では、企業の商品やサービスを打ち出すための調査や分析を通じて最適な広告を提案する。イベント部門では、さまざまなプロモーション活動を通じて企業の宣伝活動を支援する。

広告会社の変革は、世の中の大きな流れがアナログからデジタルに向かう中で、求められる役割も変わってきたことを物語るものだといえるだろう。各社の理念により、その方向性や目指す到達点は異なる。しかし、広告主とメディアをつないで商品やサービス（とそれらによる成果や満足感）を最終利用者である生活者に広く深く効果的に訴えるという基本的な使命は、草創期からなんら変わらない。

時代の変革に応じてメディアがデジタルとの連携を強めねばならぬように、広告会社の世界でも新たなテクノロジーとの連携を強めていくことは自然の成り行きといえよう。

2

今だから言える「実は……」の実話

各社のキーマンから、今だから話せる
小話・裏話を寄稿いただきました

滑走路を背にした長い夜
～中華航空機墜落事故

中部日本放送（ＣＢＣ）・報道キャスター〈当時〉
現・ＣＢＣテレビ特別解説委員
石塚　元章

仕事を終えて局の近くで食事をしていた時、壁のテレビで野球中継の実況アナが突然、「名古屋空港で事故が……」と言い始めました。局に戻ると「ちょうどよかった！」と。中継車を空港に向かわせたもののリポーターがいない……というのです。入社13年目の私は、もうひとりとタクシーに飛び乗って中継クルーを追いかけました。が、やがてタクシーがストップ。緊急車両と野次馬の車で渋滞が発生していたのです。「よし、走るぞ！」。タクシーを捨てて駆け出し、中継現場に着いたとたん、スタッフが「マイク！　そこです！」。地面からマイクを拾い上げるのとほぼ同時に、スタジオから「現場の石塚さん！」の呼びかけが。その場を動けな

い長い夜の始まりでした。

＊＊＊＊＊

1994年4月26日。あと少しで大型連休が始まろうとしていた夜。中華航空のエアバスが名古屋空港で着陸に失敗して墜落（中部国際空港はまだできていません）。260人以上が命を落とし、国内では日航機墜落（1985年）に次いで犠牲者の多い航空機事故となりました。

「滑走路南端に墜落」の第一報で飛び出した中継車は、空港南側のフェンスの外に止まっていました。しかし、南北に滑走路が長い空港で、「滑走路の南端」と「敷地の南側」は実はかなり離れています。滑走路を横から狙える「東」または「西」側に中継車をつけるべきでした。「場所を変えようか」というのは当然の判断でしたが、周辺はすでに野次馬の車で溢れていて簡単には動けません。なにより中継車を動かす……ということは、その間は中継ができない……ということです。結局、かなり遠くに事故機を見ながら朝までしゃべ

墜落現場の様子

り続けました。

放送の現場で「早い」はとても重要ですが、早ければいいというものではありませんし、「地元」だからといっても、普段は気づいていないことがいくらでもあるのです。

取材も大事ですが、その時の「気づき」を確実に伝承していくことも大事です。あの大事故から間もなく30年。果たして私たちは、伝えるべきことを的確に伝えているでしょうか。いざという時、「想定外」を言い訳にしなくていいように。

ドラゴンズ　20年ぶり　優勝

元東海ラジオ放送　アナウンサー
犬飼 俊久

昭和10年球団創設以来の初優勝が、昭和29年、20シーズン目の事でした。そして、2度目の優勝が20年ぶりの昭和49年。ファンにとっても、球団、取材するマスコミにとっても、待ちに待ったセ・リーグ優勝だったのです。

V・マジック3で　10月11日　神宮球場　ヤクルト戦、12日中日球場で大洋とのダブルヘッダー、3連勝すれば優勝。しかし、13日に後楽園で巨人とのダブルヘッダーがくまれているのです。ゲーム差は2。11日の神宮球場。スタンドもグラウンドも重苦しい緊張感につつまれていました。

ドラゴンズが1点リードされて9回に。2アウト3塁、高木守道がレフトへ同点タイムリー。

9回裏のマウンドは、この年、沢村賞獲得の星野が0に抑えて引き分け。マジック2。

この年、石油ショックの影響で、3時間を超えての延長戦は有りませんでした。

マウンドから3塁側ベンチへ戻ってきた星野投手のひきつった顔を今でも、忘れることは、ありません。翌12日中日球場へ戻ったナインに、前日のピリピリ感はありませんでした。

〈思わず抱き合ったバッテリー、ドラゴンズ20年ぶり優勝〉と放送席で声を張り上げた当時30歳の小生も、間もなく傘寿。

初代燃えよドラゴンズ。メンバーの顔を思い出しながら歌ってみますか。

ヒットを生み出す大きな体験

エフエム愛知　代表取締役社長
加藤　義智

東京Qチャンネルというグループは1994年から1998年まで活動した須藤まゆみと割田康彦の2人による音楽ユニットです。短い活動期間でしたが、ファーストシングル「Say! Happy Birthday」が愛知県を中心にこのエリアで爆発的なセールスとなり全国のトップシェアを記録したと記憶しています。この現象はどうして起きたのかをお話しします。

1995年1月頃、私は東京で営業の仕事についていました。アーティストのCDリリースの宣伝はFM局の大きな収益となっていて、ビッグアーティストだけでなく、デビュー間もないアーティストの宣伝もよく行われていました。その中で出会ったのが東京Qチャンネルでした。

彼らの「Say! Happy Birthday」の宣伝として一般的なラジオスポットにプラスした付帯展開を希望されましたので、当社が毎月行っている誕生日の方への花束プレゼントの企画のBGMとして「Say! Happy Birthday」を使用することでOKをもらって1週間のオンエアをしました。タイトルと内容が誕生日にちなんでいるので誕生日の花束プレゼントならリスナーに強く響くのではと考えた単純な企画だったのですが、たった1週間の放送でこのCDが愛知県で爆発的なセールスを記録したのです。セールス状況はCDメーカーの方は毎週チェックされていますので、何が起きたのかと話題になり、これをきっかけにメーカーの方ともアーティストとも親密な関係を築くことができて是非エフエム愛知で番組を持ちたいとなり、1995年4月からレギュラー番組がスタートし4年間も出演いただくこととなりました。メンバーの割田康彦さんは音楽プロデューサーで才能があり、番組を面白くするための様々な企画を発案し、須藤まゆみさんとの掛け合いなどで人気コーナーや常連のハガキ職人を多く作り出しました。彼らは番組を楽しみ、当社の社員とも良好な関係を築いてくれたことで、冬のスキー場からの生放送などにも出演いただきました。残念ながら1998年に解散してしまいましたが、自分としては間違いなく彼らのアーティストの歴史を刻む一助となれたと思います。

この経験は自分のその後の仕事にも影響を与え、常にもう一工夫を加えることを考えるようになった貴重な体験でした。

「ZIP-FM」ステーションネーム誕生のエピソード

ZIP-FM 執行役員 編成局長
工藤 博

1993年10月に開局した「ZIP-FM」は、2023年10月に開局30周年を迎えました。お陰様で「ZIP-FM」の名前は、多くの方に慣れ親しんでもらっていますが、このステーションネームが決まるまでには、実はこんなエピソードがあります。

開局の前年、1992年に「エフエム名古屋（開局準備室）」が設立され、新しいラジオ局を立ち上げる準備がスタートしました。

「エフエム名古屋」は会社名なので、リスナーに向けては親しみやすいステーションネームを付ける事になり、広告会社からの提案によって〝ある名前〟が決まっていました。

そして、年が明けた1993年1月に、私は名古屋の某ラジオ局から「エフエム名古屋」に転職しました。

転職した初日に、そのリスナー向けのステーションネームを聞かされた私は、あまりにもイメージと違っていて大変なショックを受けました。

(これが新しく誕生する都市型のラジオ局の名前?……)

まだ20代で、夢と希望を持って転職したばかりで、怖いもの知らずであった私は、入社して1週間後の全社会議で、既に決まっていたそのステーションネームが新しいラジオ局のイメージに合わないと突然言い出し、その理由をまくし立てました。

(入社したばかりのお前が今更そんな事を言っても、もう決まった事なのでどうしようもない……)という空気が流れる中、初代の社長が机をバンッ!と叩いてこう言いました。

「わかった、撤回だ! このラジオ局は君のような若者がターゲットだ。1週間で替わりの名前を提案しなさい!!」と。

まさかの展開でしたが、そんな事があって新しい名前を再検討する事になりました。

愛知県の先輩FM局は「FMA」とも呼ばれていました。「A」はエースであり〝一番〟という意味もあります。私は、「A」とは正反対にある「Z」から始まる単語を探し始めました。

「Z」の文字には〝究極・最高〟という意味もあります。

そして、その中に「ZIP（元気、ビュッと飛ぶ）」という単語を見つけました。

〝東海エリアの人々を元気にする、最高のラジオ局になる！〟そんなコンセプトを打ち出して、結果的に開局準備室のメンバー全員がこの名前を気に入って、「ZIP-FM」というステーションネームのラジオ局が誕生しました。

今思えば、若気の至りでありましたが、若者の意見を聞き入れてくれた初代の社長には感謝しています。

あれから30年。「ZIP-FM」は、リスナーをはじめ、多くのみなさんに育てて頂きました。そして、これからも〝東海エリアの人々を元気にする、最高のラジオ局〟を目指し続けていきます！

ZIP-FMのエントランス

中部経済、黄金の2000年代から

中部経済新聞社　取締役編集局長
坂本　和優

「トヨタさんがいま検討している新工場は九州ですか？　東北ですか？　エンジン工場でもいいな」――。2000年代初頭、名古屋・栄に拠点を構える各県の名古屋事務所の職員にとって、最大の関心事はトヨタ自動車やトヨタ系自動車部品メーカーの工場進出でした。車両組み立て工場なら数千人単位、自動車部品工場でも数百人単位で、地域経済に新規雇用を創出するからです。政府の構造改革で公共工事が削減されるなか、九州や東北の地方自治体にとって、中部の自動車産業は垂涎の的でした。

熱心な職員は弊紙の記事だけでは物足りず、当時自動車担当記者だった私に対しても、直接アプローチして、新しい情報を入手しようと一生懸命でした。「話せることは、すべて記事にしているけどな」と、心の中でつぶやきながら杯を重ねたこともありました。

東京の有名雑誌の編集者からは「元気な名古屋をテーマにした企画を考えています。会ってもらえませんか」――などと、取材する側から「取材される側」になったのには驚きました。

2000年代は、今振り返れば、中部経済にとって「黄金の2000年代」だったといえます。名古屋駅前に、「JRセントラルタワーズ」や「ルーセントタワー」、「ミッドランドスクエア」などと矢継ぎ早に超高層ビルが竣工されました。2005年には、愛・地球博の開催や中部国際空港の開港で、国内外から名古屋、愛知に注目が集まりました。もちろん中部経済の大黒柱であるトヨタ自動車も、絶好調。世界市場で、世界シェアナンバー3からナンバー2、ナンバー1と駆け上がっていました。

当時が黄金期なら、今は黄昏時だ、とは思っていません。

名古屋駅周辺のビル群

当地の産業界のＤＮＡは、長年にわたって培われてきた課題克服力だと思います。社会のデジタル・ソフト化やカーボンニュートラルなど新たな課題に直面していますが、必ず克服し、再び輝きを取り戻すと信じています。

お笑いマンガ道場と5時SATマガジン

元中京テレビ　プロデューサー
澤田　健邦

1969（昭和44）年4月、八事の丘陵地に赤と白のテレビ塔、中京テレビが開局。どの番組系列にも入れず先の見えない船出でした。

4年後の1973年にNTV系列となり、ようやく誕生した制作部に開局1期生の私も異動して、部長含めて5名体制。夢膨らむばかり。

当時のNTVは視聴者参加の人気番組「スター誕生！」の収録のため、全国各地を回っていました。オーディションから収録まで、ローカル局がサポート。NTVスタッフの手伝いや交流を通じて、キー局の番組作りを学びました。

1976年4月、初めて企画した番組「お笑いマンガ道場」がスタート。

翌年４月、放送時間が土曜午後６時に変更され、年末には視聴率20％を達成。鈴木義司、冨永一朗という二人の漫画家とレギュラー陣、気鋭の構成作家、新米プロデューサーの私以下４名の制作スタッフ、奇跡のチームワークでした。

一番人気は漫画家二人のバトル。本当は仲の良い漫画家二人に「回答者席の両端に座ってもらうので、喧嘩して下さい」とお願いしたのは私でしたが、プロのマンガの力は予想を遥かに上回る面白さを生み出したのです。

先ほど述べたように、実は仲の良い二人ですが、性格は真逆。時事風刺のマンガを描いていた鈴木さんはのんびり屋。時には週刊誌の締め切りに間に合わず４ページ分の穴を開けたことも。「チンコロ姐ちゃん」をはじめ、オッパイがいっぱいの作風の冨永さんは教師出身で几帳面。そんな凸凹コンビだからこそのキャラクターがテレビの世界に向いていたのかもしれません。

成功の裏で、私はマンガ道場では出来なかったこと、ローカルに拘り、応援することと音楽を取り込んだ番組を作りた

「お笑いマンガ道場」の風景

いと考えていました。

1981年4月「5時SATマガジン」(通称ゴジサタ)スタート。1時間の生放送で、視聴者参加の「ローカルスターベストテン」、ゲストあり、中継ありの若者向け番組。企画を評価してコカ・コーラが提供スポンサーとなり、音楽業界、全国ローカル局、社内の若手など、各方面からの反応、反響が励みとなりました。

「お笑いマンガ道場」は全国で放送され18年。ゴジサタは13年続きました。代々のプロデューサーが創意工夫を重ね、数え切れぬ多くのスタッフが関わりました。そして全国の視聴者や関係者の記憶に残る番組となったのです。

白紙撤回から23年、芦浜は今……

三重テレビ放送
菅野 利郎

キー局を持たない独立ＵＨＦ局として１９６９年12月１日に開局した三重テレビは、サービスエリア内に電波の受信方法を普及させることからスタートしました。名古屋のテレビ塔に向いているＶＨＦ用のアンテナでは映らず、別途、津市の長谷山に向けたＵＨＦアンテナを設置し、チャンネルを回しながら33チャンネルに合わせてようやく見ることができるというハンディを背負っていたのです。営業マンたちはスポンサー獲得のため、アンテナとフィーダー線を車のトランクに積み込み、真夏の太陽が照りつけるなか県内を走り回り、屋根に登って設置工事をしました。四日市市は当時からコンビナートの煙突が林立し電波が乱反射するためＵＨＦの放送は映りにくかったようです。

１９７２年７月24日、四日市公害裁判は原告側勝訴となり、テレビ各局は裁判所前に中継車を連ねて報道。開局まもない三重テレビは16ミリフィルムで取材。しかも本社に現像装置を持たないため、名古屋まで電車便で送り東海テレビで現像して送り返すという段取り。夕方のニュースに間に合わせるのが精一杯でした。

1981年4月から情報番組「ザ・ローカル」を担当した私は、正月に行われた紀勢町（現大紀町）の成人式を取材。地元で漁業を営む若者たちと都会から帰省した大学生たちに〝原発〟についてインタビュー。地元派は賛成、都会派は反対と意見が分かれ、放送翌日、中電から「なぜ、事前に知らせてくれなかったのか」と、営業マンを通じて問い合わせがあったのを思い出します。

翌年からは芦浜原発予定地の近隣市町村で暮らす人々の顔を出来るだけ多く出してほしいという要望を受けて提供番組を担当することになり、「こんにちは中電　あなた出番です」と題して、料理教室や子ども電気教室などを回る一方、三重の祭りをテーマに地域の伝統行事や祭礼を数多く取材しまし

「こんにちは中電　あなた出番です」の1コマ

た。その後、地域住民の間で原発建設をめぐる対立が激化。２０００年2月22日、当時の北川知事が原発建設計画の白紙撤回を表明。１９６３年から37年間続いた建設反対運動に終止符が打たれました。あれから23年、芦浜は今……。

東海豪雨
――ずぶ濡れで撮った幻の一面写真

元中日新聞社　記者
現なごやメディア研究会代表
関口　威人

新人記者として三重県の四日市支局に赴任して約1カ月後の2000年9月11日。朝から降っていた雨は、昼過ぎからバケツをひっくり返したような大雨に。午後2時ごろ、取材していた裁判所の庁舎から外を覗くと、道路がみるみるうちに冠水していきました。

私は急いで支局に戻り、他の支局員と手分けして市内の状況を確認。消防に聞くと、南部の川沿いの住宅地で数戸が浸水して救助に出ているとの話。私は「ちょっと見てきます」と言い残して支局を出て、買ったばかりの愛車でそこに向かいました。

途中、タイヤの半分以上まで冠水した道路を通ってなんとか目的地にたどり着くと、低地の住宅街の一画がどっぷりと水に浸かり、ちょうど消防隊員がボートを出して住民を助け出しているところでした。私はこれまた買ったばかりの望遠レンズを付けたカメラを構え、スーツを腰まで水に浸からせながら一部始終を撮影。また車に乗り込んで大急ぎで支局に戻りました。

当時はまだフィルムを現像機にかけ、ファクス回線で本社に電送する時代。現像された写真はややブレがあったものの、救出の様子がはっきり収まっていました。その時間、名古屋本社から写真部のカメラマンも四日市に来て何カ所か撮影をしたそうですが、「関口の写真以上のものはない。これ1面行けるよ」と皆に言われました。

ところが……その日の雨は四日市から次第に名古屋方面に移り、後に「東海豪雨」と呼ばれる〝名古屋の〟災害となったのは周知の通り。翌朝の1面写真は、早版も含めて名古屋の住宅地の光景。私の写真は結局1枚も採用されていませんでした。

しかし、四日市地方でも1人が亡くなり、５００戸余りが浸水する被害に。私はあらためて現場を取材し、片付けに追われる人たちの声などを三重の地方版の記事に書くことはできました。

災害時は被害の大きいところが注目される一方、周辺で取り残される被災者がいる。その後、私はフリーになって東日本大震災をはじめとする災害取材をテーマにしていますが、あのときの四日市での経験を忘れないようにしています。

日航ジャンボ機墜落事故

元中部読売新聞報道部 記者
谷水 康彦

人生のゴールが迫ってくると、人はみな、その歩んできた道を振り返るものかもしれない。新聞記者とテレビ番組制作会社に勤めて、もう半世紀を超える。ずいぶん長くメディアの世界にお世話になった。新聞記者となったのは、読売新聞が「中部読売新聞」として名古屋に進出した1975年のことだった。20年近く新聞記者として働いたが、大半はお巡りさんとのお付き合いだった。

当時は「抜いた」、「抜かれた」の全盛期。「夜討ち」、「朝駆け」の毎日だった。1980年代後半から1990年代にかけて、大きな事件が頻繁に起きた。

広域重要指定113号事件＝勝田清孝事件（1972－1983）、同114号事件＝グリコ・森永事件（1984－1985）、同116号事件＝朝日新聞阪神支局襲撃事件（1987）、名古屋妊婦切り裂き殺人事件（1988）など。

そんな中、忘れられないのが、1985年8月12日。午後7時前。羽田空港を飛び立った日航ジャンボ機が群馬県の通称・御巣鷹の尾根（標高1565m）に墜落、乗員乗客520人が死亡、4人が救助された未曾有の大事故である。

私はこの時、名古屋市内の警察署にいた。テレビに速報が流れた。「墜落現場はここら辺かも」。ポケットベルが鳴った。「すぐに会社に戻れ」。デスクの声も上ずっていた。

社内は騒然としていた。カメラマンと記者2人が本社を飛び出した。「次はお前だ」といわれ、準備していた時。「現場は群馬の山中」との声が聞こえ、とりあえず待機となった。先陣をきった仲間はそのまま現場に直行した。山中の取材を逃れ、内心ほっとした気持ちと、残念な気持ちが交錯した。次々と事故の悲惨な状況が飛び込んできた。先陣をきったカメラマンが、生存者の女子中学生が自衛隊機に吊り上げられ、救助される瞬間をカメラに収めた。この写真は後に、東京写真記者協会の特別表彰を受けた。

現場から戻った記者は、事故現場の惨状を口にすることはなかった。

東海3県の〝朝〟を伝え続けて36年

メ〜テレ　コーポレート戦略部
那須 禎輝

メ〜テレが初めてレギュラーの生番組を制作したのは、今から57年前の1966年。タイトルは「奥さま、あなたと30分」でした。

その後、1978年に初めての朝のワイドショー「こっちむいてホイ!」がスタート。「金曜奥さまワイド」にタイトルを変更し、1987年まで放送されました。

そして開局25周年を迎えた1987年4月1日、月曜から金曜まで、朝の7時15分から1時間15分という、これまでにない長時間の放送枠で朝ワイド番組「おはよう名古屋テレビです」をスタートしました。

翌年には「コケコッコー」に改称し、2002年にひらがなの「どですか」が始まりました。

その後2011年にカタカナの「ドデスカ！」へと番組名を変えながら、〝東海3県で唯一の地元局制作の朝ワイド番組〟として、地元の人々が知りたい情報を生放送で伝え続けています。

2022年4月、メ～テレは開局60周年を迎えました。同時に、朝のワイド番組がスタートして35年、「どですか」から数えて20周年を迎えました。これほど長く番組を続けてこられたのは、ひとえに地元の人たちに支えていただいたおかげです。皆様への感謝を込めて、「もっと身近に！　地元のすべてに、会いに行く。」をテーマに、日々最新の情報を届けています。

月曜から木曜の6時台に放送している「メ～ロメロ！」では、地元の高校生・大学生をリポーターに起用して、注目のグルメやグッズなど、とっておきの最新情報をお届けしています。

また、火曜日7時台の特集「いいね！わがマチQ」では、アナウンサーとメ～テレのマスコットキャラクター「ウルフ

左から濱田アナ、島津アナ、竹田アナ、小松崎アナ、西尾アナ

イ」が東海3県のマチから生中継を行い、そのマチの魅力をクイズ形式で紹介しています。

2023年4月で朝ワイドは36年目、「ドデスカ!」は21年目に入りました。これからも、「東海3県の朝と言えば〝ドデスカ!〟」と皆様に感じていただけるよう、とことん地元にこだわった番組作りを続けてまいります。

10年ぶり以上のインストアも「全力」ファンキーモンキーベイビーズ

ＣＢＣラジオ　コンテンツプロデュース部
長谷川 達也

２００８年１月から２０１１年３月までＣＢＣラジオで放送していた「ＦＵＮＫＹ ＭＯＮＫＥＹ ＢＡＢＹＳの猿山学園中等部」。私は、そのディレクターを担当していました。当時のファンモンと言えば、ショッピングモールでインストアライブをしまくっていました。ＣＢＣラジオの公開録音でも歌ってくれました。そのスタイルはとにかく「全力」。今もそうなのですが、特にメンバーのファンキー加藤さんは、毎回、ライブが終わるとステージ袖に戻った瞬間、倒れこんで立ち上がれないほどでした。

ひとりひとりに「全力」でエールをおくる応援歌をうたっていたファンモンの番組には、さまざまなお便りが届きました。恋愛に悩む学生。脊椎側弯《せきついそくわん》症の手術を控え勇気が出ない高校生。

そして不登校になってしまった中学生。実は最初は、その不登校の中学生の親御さんからお便りが届いていました。

「部屋に子供が閉じこもってしまっている。扉もあけてくれないが、うっすらとこのラジオ番組の音声が聴こえてきた。番組を通して声をかけてもらえないか。」

このような内容でした。親からのメッセージを受けて、この中学生にメッセージを放送でおくったらどう受け止められるのだろう。本人はいったいどういう心境なのだろうか。迷っていると、しばらくたって、その不登校の中学生から、自分の気持ちを記したお便りが届きました。それに対し、ファンキー加藤さんは、こう放送で呼びかけました。

「無理をしなくてもいい。でも勇気が出たら一歩、踏み出してほしい。」

10年以上ぶりのインストアライブの様子

後日、その中学生から、久しぶりに登校したと報告が届きました。ラジオの番組を通じて、少しだけ誰かの背中をおしてあげることが出来たのかなと感じた瞬間でした。

インストアの公開録音をしていたファンモンは、番組を放送している間に、紅白に出場し、「あとひとつ」という大ヒット曲も生まれました。そして東京ドーム公演を７月（この時は震災の影響もあり中止に。２年後の２０１３年に解散公演として東京ドームライブを行う）に控えた２０１１年３月で番組は終了しました。

その後ファンモンは解散しましたが、２０２１年に活動を再開。２０２３年３月に10年以上ぶりにインストアライブを行い、ＣＢＣラジオ「酒井直斗のラジノート」の公開録音を行いました。久々のインストアもやっぱり「全力」でした。

これからも会場、そして放送を通じてエールを届けていきたい。そう思っています。

左から司会の酒井直斗、ＦＭＢファンキー加藤、モン吉

奇人落合博満　18歳の原点
彼は突如失踪し都内をさまよった

中日スポーツ記者
増田　護

今や球界のご意見番ともいえる存在になった元中日監督の落合博満さん。とにかく我の強い変人と思われていることでしょう。1987年、ロッテから中日に移籍した時に担当記者だった筆者の印象もそう。ただ自宅に泊めてもらい、話をするうちに考えを改めました。それは数カ月で中退した東洋大時代の出来事を聞いたときです。

「体育会の上下関係が嫌でおれが中退したと思われているけど、本当はそうじゃないんだ。殴られたこともなかったよ」

秋田工高時代は野球がうますぎて先輩にやっかまれて退部したが、それでは勝てないから試合の時だけ呼び戻されたエピソードは有名であります。その落合さんは見込まれて東洋大に進んだ直後、肉離れを起こしたそうです。ファウルフライを追った時、雨上がりでぬかるんだ地面に足をとられたのです。

「家族がお金を出しあっておれを東京の大学までやってくれた。それなのにこのざまは何だと。責任を感じたんだな」

放心状態となった落合さんは合宿から突如失踪します。記憶があるのは日比谷公園の朝で、「子どもの声で目が覚めたんだよ」。次に記憶が蘇るのは後楽園球場のスタンド。気が付けば社会人野球の試合を見ていたそうです。「ああ、おれは野球が好きなんだと思った」。

はためから見れば、たかが肉離れ。おそらく落合さんも、そんな自分が嫌だったに違いありません。傷心で故郷の秋田に帰り、恩師の紹介で季節工で東芝府中に入り、プロ入りした後は周囲から何を言われようが自分を通すことになります。

「いいか、言いたいヤツには言わせておけばいいんだよ。お前、いちいち気にするな」筆者にも、落合さんはことあるごとにそう言った。

ロッテ時代に神主打法をあみだし、三冠王に輝くだけでなく契約でもめ、中日でも言動で物議を醸し、フリーエージェントを行使し、監督になってからは日本シリーズでも完全試合を続けていた山井を交代させるなど、他人に迎合することなく、ぶれずに野球人生を歩んできた落合さん。すべては18歳の春にあったのであります。

「乃木坂って、どこ?」誕生まで

テレビ愛知　取締役　専務執行役員
村川 淳

今やトップアイドルとなった乃木坂46ですが、彼女達がデビュー直前に名古屋を訪れ、自分たちの名前を覚えてもらうために「マンモスフリーマーケット」で自らの顔写真入りのティッシュを配ったり、学芸会のようなステージを初めて披露したり、我社の生放送に出演したりと、地道なPR活動をしたことをご存知の方は、相当熱烈なファンに違いない。

2011年秋、日曜夜の全国ネット枠で放送していた映画紹介番組が突如終了との連絡を受けました。東京営業部長だった私は焦りました。猶予は半年、この枠の成否は我社の業績に直結します。また、系列の一員としての供給責任もあります。部員全員で二、三カ月走り回ったと思います。結果、見えてきたのはアニメ番組でした。我社は土曜の朝にもアニメを放送しています。社内でも反対はありましたが、時間がありません。諦めかけていた時、以前担当してくれていた広告会社のA部長から呼出を受けました。会議室には彼と現担当のO部長の二人がいました。「御社の今の状況はとても心配しています。私共としてもネット枠が全部アニメになるのは残念だと思っています。そこで提案です。或るレーベルがＡＫＢ48に対抗して新たなグループを立ち上げます。グループ名もまだ決まっていませんし、売れるかは未知数ですが、このプロジェクトに賭けてみませんか」。信頼する二人からの提案であり、思いもよらなかった展開に情が沁みました。その後秋元康氏により、グループ名は乃木坂46と決まり、番組名は「乃木坂って、どこ?」と命名されました。放送開始まで二カ月前のことでした。

三年後の夏、神宮球場でのライブに招かれ、彼女達の晴舞台を拝見しました。人前で初めて歌い、振付は間違いだらけ。マネージャーから叱られ、泣きながら私に詫びた、あの時の彼女達は、もうそこには居ませんでした。そして、この番組は今も「乃木坂工事中」として絶賛放送中です。

「乃木坂って、どこ?」の番組ロゴ

女子大生誘拐殺人事件

元東海テレビ　アナウンサー
芳川 猛

昭和55年（1980年）12月に発生した「女子大生誘拐殺人事件」を記憶している人は少なくなった事と思います。警察と記者クラブが報道協定を結びましたが、捜査が進展しなかったため異例の公開捜査となった事件です。

事件が発生したのは12月2日。深夜になって人命尊重の立場から警察と記者クラブのあいだで報道協定が結ばれました。報道各社は独自取材を自粛、警察は定期的に捜査状況を発表する、というものです。被害者は金城学院大学3年生の戸谷早百合さん（22歳）でした。

私が遊軍としてこの事件の取材に関わったのは、翌3日から。記者クラブに詰め、警察の捜査状況発表を大学ノートに書きこんでゆく毎日が続きました。捜査は進展せず、25日になって公開捜査に切り替えたいと警察からクラブ側に申し入れがあり、話し合いの結果、協定解除を26日朝7時とすることが決まりました。フジテレビの露木茂アナがアナウンス部の忘年会を抜け出してタクシーで名古屋に駆け付けてくれた事を覚えています。

取材が解禁になったことから、私はニュースや特番の合間を縫って、金城学院大学に行き、早百合さんのロッカーや中にあったノート等を見せてもらいました。その際、取材に立ち会ってくれたM氏から、大学周辺によく来る車をリストアップしていると聞きました。金城学院大学では、そういった車（毎日10台から20台にものぼる）のナンバーを全てチェックしていたのです。4月から12月までの膨大なブラックリスト？　を見せてもらいました。有名女子大学の隠れた苦労を垣間見た思いでした。もちろんリストは警察にも渡されていました。

別の日、愛知県総合保健センターで犯人の声紋を分析してもらいました。聴力音声言語診断部のK先生は「声の調子から冷たい性格、寿司屋ならネタが腐ってしまう感じの喋り方だ」などと話してくれました。「寿司屋なら」とは誠に皮肉で、犯人の木村修治は名古屋駅地下街の某寿司店で働いていたのです。

協定解除後、報道各社は独自の取材と警察への夜討ち朝駆けで、何か手がかりはないか必死でした。急転直下、事件が解決したのは1月20日でした。早朝、容疑者は任意同行を求められ逮捕されたのです。警察の動きをキャッチしていたのはM紙とC紙だけ。特ダネです。

大手のY紙キャップは坊主頭で記者クラブに現れました。取材合戦の勝敗は明確で厳しいものでした。

女子大生の遺体は事件から半年後、木曽川で発見されました。皮肉にも5月5日のこどもの日でした。

犯人が逮捕されても、何とも後味の悪い事件でした。

ラジオを愛し、地元から文化を発信し続けたプロデューサー

井上陽水、荒井由実／松任谷由実、下田逸郎、松山千春、財津和夫、チェリッシュ、あべ静江、南こうせつとかぐや姫、久保田早紀、五輪真弓、稲垣潤一、柳家小三治、森本レオ、荒木一郎、長谷川きよし、ダ・カーポ、小林克也と中村八大、マイク真木、アリス、さだまさし、宮地佑紀生、笑福亭鶴瓶、森田芳光、本田路津子、森山良子、野坂昭如、ハイ・ファイ・セット、山平和彦とマイ・ペース、カルメン・マキ――。ここに名前を連ねた人たちの共通点は何か。いずれも東海ラジオのプロデューサー、塩瀬修充が深く関わり合い、世に知らしめた人たちであることだ。

「ユニークな深夜放送としてその個性を誇る『ミッドナイト東海』は一九六八年三月一日午前〇時〇分、うぶ声をあげた」。『夜と万年筆』（有文社）の序文は、塩瀬が筆を執ったこの一文から始まる。塩瀬は東海地方における深夜放送の草分けといえる『ミッドナイト東海』のチーフ・ディレクターとして采配を振るった。

『夜と万年筆』は同番組のパーソナリティで、局アナの蟹江篤子が担当していた曜日の名物企画「朗読コーナー」に寄せられた作品を集めたものだ。投稿作品からその日に放送する一作を選ぶのは塩瀬と蟹江である。投稿者の何人かはその後プロとして活躍。埋もれた才能を引き上げる目利きにおいて、塩瀬には天性の力が備わっていたといえる。

生まれもってのプロデュース力は手がける番組を通じて発揮された。冒頭に挙げた人々の多くは、まだまだ無名のころに塩瀬と出会っている。塩瀬は自らの番組やイベントなどに起用することで、一人一人に活躍の場を与え、その才能を花開かせた。彼らと塩瀬が出会うことで生まれた必然ではないだろうか。

塩瀬はレコード会社の担当者やネット局のディレクターから紹介されて、まだ世に知られていない歌手や俳優、タレントらの才能を見出した。彼らとの交流をまとめた塩瀬の著書『星を見つけてラジオにのせて――元東海ラジオディレクターの勝手な思い出』（風詠社）のごく一部を抜粋しよう。

【財津和夫】

一九八〇年七月二十六日はチューリップの歴史に残る〈雨の鈴蘭高原コンサート〉が行われた日である。財津がこの日のために作った曲「シューティングスター」を歌い「虹とスニーカーの頃」に掛かると、観客は誰一人として傘をさす人もなく、雨中のコンサートとして溶け合っていた。

照明は切れる、ステージ上のエレキギターでしびれる、司会のマイク回線は切れて急遽無線に切り替える。ステージの外でも大変だった。ステージからは名古屋の東海ラジオの本局に無線が届かないので、スキー場の山上から本社までを、二段中継する必要があり大変だった。

僕はスタジオ・カー（放送設備、無線などを備えた中継車）の中で、一人指揮を執り続けたので、番組が終わった時は（ああ、終わった）と思い、同業者からの〈オホメの言葉〉でやっと我にかえった。あくる日は皮肉なことにピーカンであった。

【さだまさし】

ある日、一本のテープが送られてきた。当時僕は東海ラジオ音楽出版の社員だったので、出版のスタッフと手の空いていた制作のディレクターを集めてこのテープを聞いてもらった。すると大方の意見が「こんな線香くさいタイトルの曲は売れないよ」とか「こんなタイトルではねえ」というものだった。この曲がさだまさしと、吉田正美の二人からなるフォークデュオ、グレープの「精霊流し」であった。

（この曲はヒットするぞ）と思い、深夜放送を中心に何度もオンエアしたところ、名古屋地方での売れ行きがよく、もう一押しということで、深夜放送のミッドナイト東海で、蟹江篤子がパーソナリティー担当の日にゲストとしてブッキングした。その時、蟹江君がこの曲を聞いて泣き出すというハプニングもあり、毎週のように曲を流した効果もあって名古屋地区では人気曲となった。

そしてさだまさしといえば「関白宣言」である。一九七九年七月十日に発売されたこの大ヒット曲は最初に作られた時のタイトルは「王手」という、プロポーズソングだった。どうにも逃げられないという意味の、将棋の（王手）だったのだが、これでは面白くないと、さだがお父さんと考えた末に「関白宣言」になったそうである。

女性蔑視の歌、だとか、男の気持ちをよくぞ代弁してくれたとか、物議を醸し、社会現象にまでなってミリオンセラーを記録、第二十一回レコード大賞の金賞を受賞と、さだまさし最大のヒット曲となった。

【笑福亭鶴瓶】

昼のワイド番組のタレントを探しに、関西に行ったディレクターから「深夜放送をやりたいという若い子がいたよ」と聞いた。笑福亭鶴瓶という新人だという。スタジオに入れてしゃべらせてみると、僕が「もういい」と言うまでしゃべり続けた。そして「来週から名古屋に来い」と言ってしまった。周りはいろいろと言ってきたが、鶴瓶という新人の可能性を信じて強引に押し切り「ミッドナイト東海」のレギュラーに抜擢。国際ホテルを宿泊所にして、週一回、三時間のレギュラーをこなしていた。

そんなある日事件が起こった。鶴瓶から「新幹線で乗り過ごして、今、浜松のあたりを走っている」と電話が入った。そのまま行けば東京で、東京から引き返す列車は既に無い。とにかく深夜放送のオンエアが迫っているので「東京に着いたら近くのホテルにとび込んで番組宛に電話しろ」と言った。

東京駅のステーションホテル、次に新橋の第一ホテルと行ったらしいが、当時の鶴瓶はモジャモジャのアフロヘアで、門前払いになりそうになり、ホテルのフロントの電話を借りて電話してきた。スタジオの方はアナウンサーの蟹江篤子が駆けつけてくれて番組をつないでくれた。そこへ鶴瓶がやっとのことで電話を入れて、番組は終わった。

翌週、僕がタレントルームに居ると鶴瓶がもじもじしていっこうに入ってこないので、事務所でなにか言われたか聞くと「今週からクビだろうと言われました」と言う。実はその番組に対して（居眠りして列車を乗り過ごすなんて、いかにも鶴瓶らしい）とか（ホテルから電話してきた鶴瓶の様子が焦っていて面白かった）とか（鶴瓶をクビにしないで）とか、なんといつもの倍以上の手紙が来ていた。

「次回からは乗り過ごしても良いように『こだま』で来い。今回は許す」と言った。のちに、タレントとなった息子の駿河太郎にこの話をすると「親父らしい…」と笑っていた。

１９３６年に愛知県新城市で生まれた塩瀬は東海ラジオ放送の前身、近畿東海放送に１９５９年に入社。制作部に配属され、ディレクター、プロデューサーとして「ミッドナイト東海」をはじめとする数多くの番組を手がけた。自局はもちろん業界でも一目置かれる存在。退社後も嘱託ディレクターとして番組制作に携わる一方、後進の指導にもあたった。放送界を離れてからも、音楽とアーティストの魅力を伝える活動に力を尽くした。

東海地方のマスコミの過去、現在、未来を語る際、特に放送業界に尽くした人として忘れてはならぬ存在である。塩瀬にとって幸いだったのは、入社したのが民間放送の草創期で、業界全体も手探り状態であったため、やりたいことが比較的たやすくできたことであろう。塩瀬はラジオ番組ばかりでなく、そこから派生するさまざまな文化をも自由闊達な手さばきでプロデュースし、全国に発信し続けた。

これまで送り出し、やがて夜空に煌めく星になった何人かの人たちに会いに行くように、２０２０年６月４日、塩瀬もまた輝く星になった。

著書「星を見つけてラジオにのせて」

3

時代を彩った番組・イベント

お茶の間や生活に彩りを与えてきた、
番組やイベントの一部を紹介します

CBCテレビ・CBCラジオ

テレビ制作番組

1957年 ～ 継続中	プロ野球ナイター中継
1957年 ～ 1993年	東芝日曜劇場
1957年 ～ 1958年	今晩の家庭料理
1957年 ～ 1962年	健太君の探偵
1958年 ～ 1962年	料理手帳
1959年	伊勢湾台風報道
1960年 ～ 継続中	中部財界人新春サロン
1960年 ～ 継続中	中日クラウンズ
1962年 ～ 1969年	カメラルポルタージュ
1962年 ～ 継続中	キユーピー３分クッキング
1966年 ～ 1983年	どんぐり音楽会
1967年 ～ 2004年	天才クイズ
1971年 ～ 1992年	午後の連続ドラマ
1972年 ～ 1974年	ワイドショー＆ YOU
1974年 ～ 1999年	CBC ニュースワイド
1976年 ～ 1992年	すばらしき仲間、すばらしき仲間 II
1976年 ～ 1985年	ラブラブ・ダッシュ
1977年 ～ 1989年	土曜９時ハン　ただ今参上！
1981年 ～ 1983年	ぱろ゜ぱろ゜エヴリディ～面白くてBomb ！～
1983年 ～ 1985年	とＢ作カラオケ５番街
1983年 ～ 継続中	サンデードラゴンズ
1987年 ～ 1999年	そこが知りたい、名古屋発　新・そこが知りたい
1990年 ～ 1992年	ミックスパイください
1992年 ～ 2009年	ドラマ３０
1993年	WBC バンタム級タイトルマッチ「薬師寺×辰吉戦」
1999年 ～ 2003年	ドラマ３０　キッズ・ウォーシリーズ
1999年 ～ 2006年	ユーガッタ !CBC
2001年 ～ 2014年	ノブナガ
2001年 ～ 2008年	晴れ　どきドキ晴れ

2003年～2004年	美少女戦士セーラームーン
2004年～2007年	地名しりとり
2004年～2007年	ウルトラマンネクサス、マックス、メビウス
2005年～2005年	まるっと万博
2005年～2009年	サタデー生ワイド　そらナビ
2006年～2012年	週刊！健康カレンダー　カラダのキモチ
2006年～2019年	イッポウ
2008年～継続中	なるほどプレゼンター！　花咲かタイムズ
2012年～継続中	健康カプセル！ゲンキの時間
2013年～継続中	ゴゴスマ -GO GO!Smile!-
2019年～継続中	チャント！
2022年～継続中	地名しりとり 旅人ながつの挑戦
2022年～継続中	ドーナツトーク

Pick Up

『天才クイズ』(1967年～2004年)

1967年から2004年まで全1930回放送された小学生を主対象にした参加型クイズ番組「天才クイズ」。「答えっは……イエーッス！」天才博士お馴染みのセリフや、「てんさいクイズだ どんとこい」で始まるテーマソング、白い帽子で「○」、赤い帽子で「×」をかぶる○×クイズ形式は、東海地方の誰もが知る番組となりました。2016年、2022年、2023年には復刻特番が放送され、CBCを代表する番組となっています。

『サンデードラゴンズ』(1983年～継続中)

毎週日曜日放送のドラゴンズ応援番組 、通称「サンドラ」。1983年10月2日に放送開始し、2023年で40周年を迎えました。一貫して中日ドラゴンズの応援番組として、毎週ドラゴンズの最新の情報をお届けしています。近年は放送以外に、ツイッターやYouTubeなどのウェブ展開も積極的に行っています。

ラジオ制作番組

1951年9月1日	民放第一声
1951年 ～ 継続中	ドラゴンズ中継
1951年 ～ 1959年	ストップ・ザ・ミュージック
1951年 ～ 1953年	日曜劇場
1951年 ～ 1958年	バイバイゲーム
1954年 ～ 1959年	青空会議
1965年 ～ 2008年	０時半です・松坂屋です・カトレヤミュージックです
1966年 ～ 2001年	ＣＢＣ子供音楽コンクール
1968年 ～ 1986年	ばつぐんジョッキー
1970年 ～ 1988年	土曜天国
1972年 ～ 1993年	ラジオ朝市
1972年 ～ 1995年、2014年 ～ 継続中	ＣＢＣ歌謡ベストテン
1977年 ～ 継続中	キユーピーラジオクッキング
1977年 ～ 1982年	星空ワイド 今夜もシャララ
1982年 ～ 1989年	小堀勝啓のわ！Ｗｉｄｅ“とにかく今夜がパラダイス”
1989年 ～ 1994年	冨田和音株式会社
1992年 ～ 1996年	もぎたてのカボチャたち～ＴＨＥ ＡＭ ＳＴＥＲＥＯ ＨＯＳＯ～
1993年 ～ 継続中	つボイノリオの聞けば聞くほど
1999年 ～ 2024年	多田しげおの気分爽快！！～朝からＰ・Ｏ・Ｎ
2000年 ～ 2009年	ツー快！お昼ドキッ
2002年 ～ 2010年	ハイパーナイト
2014年 ～ 2019年	ナガオカ×スクランブル
2012年 ～ 継続中	北野誠のズバリ
2012年 ～ 継続中	ドラ魂KING、ドラ魂キング
2009年 ～ 継続中	河原崎辰也 いくしかないだろう！

Pick Up

『つボイノリオの聞けば聞くほど』(1993年～継続中)

1993年10月スタートのCBCラジオの平日帯朝のワイド番組「聞けば」。パーソナリティは名コンビ、つボイノリオと、CBCアナウンサーの小高直子。番組のテーマは、リスナーの生活に密着した「いま」そのもの。世間の出来事から、パーソナリティつボイノリオ自身の体験、さらにはリスナーの日常に至るまで、多彩な話題が取り上げられます。毎日、全国から300通以上ものお便りが届き、そのコメントに即座にリアクトすることで、番組はまさにLIVE感溢れる「井戸端会議」のような空間を創出しています。

『民放第一声』(1951年～2023年)

「皆さん、おはようございます。こちらは名古屋のCBC、中部日本放送でございます。昭和26年9月1日、わが国で初めての民間放送、中部日本放送は今日ただいま、放送を開始いたしました...」1951年、戦後、食べることで精一杯であった人々が、次第に文化面に関心が移ってきた頃、名古屋市中区の旧CBC社屋から、日本で最初の民間放送がスタートしました。民放第一声が名古屋から発せられたのは「日本で初めての文化事業だから、是非とも地元で育てなければならない」と地元の経済界を中心に強力な支持を受けたゆえ。業績は1年目で 早くも黒字となり「空気が売れるか」と揶揄していた人々を驚かせました。

イベント

1957年～継続中	大相撲名古屋場所前夜祭
1960年～継続中	中日クラウンズ
1971年～継続中	なごや納涼夏まつり CBC ラジオ夏まつり
1978年～継続中	名古屋国際音楽祭
1984年	CAMP '84
1985年～2010年	名古屋シティマラソン
1986年～1999年	CBC オーケストラシリーズ
1989年	デザイン博においてFM DEPO 運営
1989年～2004年	大相撲王座決定戦
1996年	「東大寺お水取り」日本初の劇場公演
1997年	超 Q IN DOME
2000年～継続中	青春のグラフティコンサート 開催
2005年	愛・地球博 共同パビリオン「夢みる山」・「FM LOVEARTH」運営
2005年～継続中	CBC こども絵画展
2018年	明治 150 年記念 華ひらく皇室文化明治宮廷を彩る技と美

海外オペラ招聘

1975年	メトロポリタン・オペラ
1979年～	ウィーン・フォルクスオパー（1979 年、1982 年、1985 年、1993 年）
1980年～	ベルリン国立歌劇場（1980 年、1983 年、1987 年、1990 年）

海外バレエ団招聘

1978年～	ローラン・プティ　バレエ団（1978 年、1981 年、1987 年）
1981年～	ベルリン国立歌劇場バレエ（1981 年、1990 年）

大型ロックバンド公演

1966年	ザ・ビートルズ招へい
1972年	シカゴ
1982年	TOTO
1988年	ミック・ジャガー・イン・ジャパン

海外美術展招聘

1976年～	ヴァン・ゴッホ展（1976年、1985年）
1980年	イタリア・ルネッサンス美術展
1995年	レオナルド・ダ・ヴィンチ人体解剖図

Pick Up

『中日クラウンズ』(1960年～継続中)

1960年に日本で民間初のゴルフトーナメント「中日クラウンズ」が、「中部日本招待全日本アマ・プロゴルフ選手権大会」としてスタートしました。このトーナメントはゴールデンウィークに愛知県東郷町の名古屋ゴルフ倶楽部・和合コースで開催され、ジャック・ニクラウスやアーノルド・パーマーなどの海外トップ選手を招聘するとともに、尾崎将司や青木功といった国内スター選手の登場の場となりました。2010年には石川遼が最終日に58ストロークの世界記録を達成し、逆転優勝というゴルフ史に残る快挙を達成しました。

『ザ・ビートルズ招へい公演』(1966年)

1966年、ビートルズの最初で最後の日本公演が、名古屋のCBCの招聘により実現しました。当時、CBCは外貨やノウハウ、コネクションを豊富に持ち合わせており、海外の一流オーケストラやポピュラー音楽の招聘実績が数多くありました。公演は6月30日から7月2日までの間に計5回行われ、5万人以上の観客を魅了しました。

中京テレビ

テレビ制作番組

1969年～1970年	CTV チャレンジ・スタジオ
1971年～1972年	ドカーンと一鶴アタックショー
1976年～1994年	お笑いマンガ道場
1978年～1982年	6時のNEWS
1981年～1995年	5時SAT マガジン
1982年～1983年	ジョーク・ドキュメントBBS放送局
1982年～1983年	週刊ドラドラ生放送
1983年～1984年	ファンタスティック・オーケストラ
1983年～1996年	ワザあり！ニッポン（全国ネット）
1985年～1994年	おはようテレワッサン
1987年～1994年	ヴィヴィアン
1988年～1995年	ラジオDE ごめん
1988年～1996年	早見優のアメリカンキッズ
1992年～1993年	快快！高田病院へ行こう（全国ネット）
1992年～1996年	Viva ！サッカー
1994年～継続中	P.S. 愛してる！（「P．S」「PSⅢ世」を経て「PS純金」）
1995年～2009年	教児のおめざめワイド
2000年～2006年	クスクス
2004年～2007年	サルヂエ（全国ネット）
2006年～2009年	スーパーチャンプル
2007年～継続中	ゴリ夢中
2011年～継続中	上沼・高田のクギズケ！（讀賣テレビと共同制作）
2012年～継続中	キャッチ！
2012年～継続中	オードリーさん、ぜひ会ってほしい人がいるんです。
2014年～継続中	前略、大とくさん
2015年～継続中	太田上田
2019年～継続中	それって！？実際どうなの課（全国ネット）
2021年～継続中	ヒューマングルメンタリー　オモウマい店（全国ネット）

Pick Up

『お笑いマンガ道場』(1976年〜1994年)

1976年4月から1994年3月まで放送されたマンガ大喜利バラエティー番組。司会は柏村武昭（2代目)、出演者は鈴木義司、富永一郎、車だん吉 など。名古屋ローカルから人気を博して全国放送へ。名古屋では、夕方の放送時間にも関わらず視聴率20%を超えたことも多かった。

『ヒューマングルメンタリー オモウマい店』(2021年〜継続中)

2021年4月からゴールデンタイムに全国ネットで放送中のグルメバラエティー番組。

「PS純金」で培ったノウハウを基に、ディレクターが全国を駆けまわり、オモウマい店を発掘！個性的な店主のお客様へのスゴすぎて笑えるサービスは、いつしか尊敬に変わり明日を生きる勇気と元気がもらえます。

中京テレビ初のゴールデンタイムのレギュラー番組。

MC ヒロミ、進行　小峠英二

イベント（新型コロナ感染防止で休止の年あり）

1969年	「ちびっ子東山タワーに集まれ！夏休みちびっ子サマーフェスティバル」
1976年～継続中	「CTV 母と子の自然教室『緑とあそぼう』『雪とあそぼう』」（1977年から「すくすくスクール」に改称）
1977年～継続中	「中京テレビ杯ジュニアサッカー大会」（1983年から「フジパン CUP」に改称）
1983年～継続中	「中京テレビ・ブリヂストンレディスオープン」（2022年から「ブリヂストンレディスオープン」に改称）
1984年	「5時 SAT フリーコンサート ROCK WAVE'84」
1984年～1992年	「夢浪漫」
1986年～継続中	「ウォルト・ディズニー・ワールド・オン・アイス」（全国公演）（現「ディズニー・オン・アイス」）
1990年～継続中	ミュージカル「アニー」名古屋公演
1993年	「ジョージ・ルーカス スーパーライブ・アドベンチャー」
1996年	オランダクレラー・ミュラー美術館所蔵「ゴッホ展」
1998年	「ベルリン・フィルハーモニー管弦楽団」公演
1998年	「レニングラード国立歌劇場オペラ」公演
1999年	「デビッド・カッパーフィールド・スーパーイリュージョン '99」
1999年	「パリ・オランジュリー美術館展」
2006年～継続中	「トミカ博 in NAGOYA」
2007年	「大エルミタージュ美術館展　いま蘇る巨匠たち400年の記憶」
2007年～継続中	「THE ICE」
2008年	「ジブリの絵職人　男鹿和雄展」
2009年～2017年	「ディズニー・ライブ！」（全国公演）
2009年～継続中	「チュウキョ～くんのすこやかフェスタ」
2010年	「スタジオジブリ・レイアウト展」
2010年	「ポンペイ展　世界遺産古代ローマ文明の奇跡」
2011年	「フェルメールとフランドル絵画展」
2011年	「レンブラント展」
2012年	「大エルミタージュ美術館展　世紀の顔西欧絵画の400年」
2013年	「チョコレート展」
2014年	「発掘！モンゴル大恐竜展」
2014年	「大浮世絵展」
2014年	「館長　庵野秀明　特撮博物館　ミニチュアで見る昭和平成の技」

2015年 ～ 継続中	「ラーメンまつり in 名古屋」
2015年	「夢と感動の宇宙展「宇宙兄弟」ムッタとヒビトが挑んだ空へ！」
2015年	「いつだって猫展」
2016年	「恐竜・化石研究所」
2016年	「ジブリの立体建造物展」
2016年	「チームラボアイランド踊る！アート展と、学ぶ！未来の遊園地」
2017年	「恐竜の大移動」
2017年	「大エルミタージュ美術館展 オールドマスター西洋絵画の巨匠たち」
2017年	「奈良美智 for better or worse」
2018年	「名探偵コナン科学捜査展」
2018年	「スイーツ展」
2018年 ～ 継続中	「ササシマ昆虫ワールド」
2019年	「絶滅動物研究所」
2019年	「クリムト展」
2019年	「近藤喜文展」
2019年	「SASASHIMA XMAS LIGHT」
2019年	「ナゴヤ VTuber まつり」
2019年	「チームラボ★学ぶ！未来の遊園地と、花と共に生きる動物たち」
2020年	「やなせたかしとアンパンマン展」
2021年	「バンクシーって誰？展」
2022年	「もしも猫展」
2022年	「ゴッホ・アライブ」
2023年	「ECO ISLAND IN VISON」

『夢浪漫』(1984年〜1992年)

開局15周年を記念して旧社屋（名古屋市昭和区）の地元を活性化しようと山手通と四谷通を中心に始めたイベント。

1984年11月にコンサート、ラリー・ウォーク、ブース出店などを絡めた「夢浪漫 '84」を開催、その後1992年まで毎年秋に開催した。(1988年は中止)

『チュウキョ〜くんのすこやかフェスタ』(2009年〜継続中)

子どもたちの未来のために、そして安心して子育てができる環境づくりのために2009年から始めたイベント（新型コロナ感染防止のため2020年と2021年はオンラインのみ)。医療・育児相談などのサポートコーナーやキャラクターショーなど盛りだくさんの内容。

東海テレビ

テレビ制作番組

1959年	ガンバレ閣下
1959年	プロ野球オープン戦（中日×西鉄：初のプロ野球放送）
1960年	ドラマ名物水曜座
1961年	わが家はみどり
1961年	ニュースコーナー
1962年	おはようクイズ
1963年	ふるさと紀行
1964年	昼帯ドラマ「雪燃え」
1965年	中日新聞日曜テレビ夕刊
1965年	世界バンタム級タイトルマッチ「ファイティング原田×エドル・ジョフレ」
1967年	ミュージック・カレンダー
1968年	報道特別番組「濁流に消えた101人」（飛騨川バス転落事故）
1969年	テレビナイトショー
1970年	幕ひらく日本万国博
1970年	第1回東海クラシック
1971年	ドラゴンズレポート
1971年	サンデーボーリング
1972年	報道特別番組「お帰りなさい横井庄一さん」
1973年	ヤンヤンナイト
1974年	イブニングショー「Today東海」
1976年	天ちんの土曜リポート
1978年	イブニングニュース630
1978年	テレビ博物館
1980年	独占ドラゴンズ情報
1981年	国際招待中日名古屋スピードマラソン
1984年	おたのしみワイドナイス2時！
1984年	さわやかフライデー
1984年	国際招待84名古屋女子マラソン
1985年	ヒロミツしのぶのスーパードラゴンズ！！

1988年	ドラゴンズHOTスタジオ
1988年	「未来博88スペシャル　人気スター故郷ふれあいコンサート」
1989年	ドラマ「名古屋嫁入り物語」
1989年	ガウディへの旅～世紀を超えた建築家
1991年	田原総一郎の世界が見たい！
1993年	グランパスExpress
1995年	好きです・ミミンバ！
1998年	ぴーかんテレビ元気がいいね！
1999年	年の差バトル！言い分VSEぶん！
2001年	大名古屋ミュージックショー
2003年	万博キャイ～ン
2003年	ぐっさん家
2004年	スーパーサタデー
2005年	万博ぴーかん
2006年	ワンセグ刑事
2008年	完全制覇！ドラゴンズ激闘の72年

イベント

1959年	東宝現代劇「人間の条件」
1959年	新人タレント発掘「ミス・テレビコンテスト」
1960年	関西喜劇人協会名古屋初公演
1960年	THKステレオレコードコンサート
1970年	第1回東海クラシックゴルフ
1973年	中日国際陶芸展
1976年	ブライダルフェア'76
1981年	日本美術院展
1981年	大ヴァチカン展
1984年	名古屋城天守閣再建25周年記念「名古屋城博」
1984年	ボディトーク'84
1986年	名古屋城夏まつり
1987年	Being'87
1987年	エル・グレコ展

1987年	「世界こども音楽祭」（1990年より「世界こどもフェスタ」）
1988年	キャッツ
1989年	世界グレートデザイン展
1990年	ブロードウェイミュージカル「スターライトエクスプレス」
1991年	KID'S WORLD'91 地球のくに
1991年	アミューズメントゾーン「マジカルガーデン」
1991年	インターナショナルレディーススーパーテニス in 岐阜
1992年	シルク・ドゥ・ソレイユ「ファシナシオン」（のちに「サルティンバンコ」「キダム」「アレグリア」「ドラリオン」「コルテオ」）
1992年	ドイツ風の移動遊園地「キルメス NAGOYA」
1993年	NAGOYA　ET
1993年	世界バレエ＆モダンダンスコンクール
1998年	やっぱイチバン！東海テレビまつり
1998年	ツール・ド・中部
1994年	からくり夢工房～時代を超える技術～
1995年	春巡業大相撲東海場所
1995年	ワールドカップバレーボール
1997年	オペラ座の怪人
1998年	芸能人の本格的なゴルフ大会「THE SUPAR GAME オールスターゴルフトーナメント」
2000年	プリンスアイスワールド
2005年	新世紀・名古屋城博～よみがえる金シャチ伝説～
2005年	愛知万博会場「帰ってきた江戸のハイテク＆世界からくりコンテスト」
2006年	愛・地球博閉幕1周年記念事業「荒川静香とモリゾー＆キッコロのEXPO オンアイス」
2006年	第1回愛知県市町村対抗駅伝競走大会（愛知駅伝）
2007年	ニューイヤーフィギュア 2007 ジャパンスーパーチャレンジ
2007年	生誕100年記念 ダリ展
2008年	ジャパンスーパーチャレンジ 2008
2008年	のだめカンタービレの音楽祭 in 秋の桃音祭
2008年	わんだほ！東海テレビ大感謝祭
2008年	大名古屋らくご祭
2008年	栄光のグループサウンズ大集合
2008年	グラン・ドリーム・バレエ・フェス
2008年	名古屋平成中村座

モンキーパーク

1978年	失われた生物たち～大恐竜展
1980年	大宇宙の旅
1981年	大マンモス展
1982年	世界のパトカー展
1983年	カナダ・サイエンスサーカス

南知多ビーチランド

1982年	日米ソ宇宙探検博
1986年	ムツゴロウの動物王国

メ〜テレ

テレビ制作番組

1962年	11チャンネル誕生プレテントショー
1962年	大相撲「名古屋場所」中継
1964年	日本の青春
1964年	スターとあなた
1966年	奥さま、あなたと30分
1966年	東西お笑い大須寄席
1966年	ドラマ夫婦百景
1968年	やあ！やあ！ガキ大将
1969年	六法やぶれクン
1971年	土曜イレブン
1973年〜1975年	こどもワイドショーブンブンバンバン
1976年〜1980年	推理クイズ マゴベエ探偵団
1977年	お手々つないで
1977年	無敵超人ザンボット3
1978年	こっちむいてホイ！
1979年	機動戦士ガンダム
1979年	一芸一話
1981年	将軍
1981年	円空が行く
1981年	こちら報道部
1982年	歌謡ビッグヒット20年
1984年〜1986年	でたがりサンデー45
1984年〜1994年	オジャマンないと！
1986年〜1989年	ケントのどうゆうKnow？
1987年〜1988年	おはよう名古屋テレビです
1988年〜2002年	コケコッコー
1988年〜2003年	ドラゴンズ倶楽部
1989年	月一ジャーナル
1990年〜1998年	勇者シリーズ

1992年	楽天GIGランド
1994年	エリアコードドラマ052
1996年	ドラマランド11
1998年～1999年	情報ライブ　トゥー・ユー！
1999年	青春は荒野をめざす！
2000年	夜だMONDE
2002年～2011年	どですか！
2003年～2023年	ウドちゃんの旅してゴメン
2004年	かいけつゾロリ
2005年～継続中	メ～テレライブBOMBER-E
2005年～2019年	UP！
2005年～2008年	夫婦交換バラエティー ラブちぇん
2007年	大型ドキュメント「紅いスクープ」
2008年	LOVE17
2009年～2014年	キングコングのあるコトないコト
2011年～継続中	ドデスカ！
2012年～継続中	名古屋行き最終列車
2019年～継続中	おぎやはぎのハピキャン
2019年～2023年	アップ！
2023年	最終列車で始まる恋
2023年～継続中	超町人！チョコレートサムネット
2023年	秋山歌謡祭
2023年～継続中	ドデスカ！＋（プラス）

イベント

1963年	全日本実業団バスケットボール選手権大会
1964年	「ピカソ展その芸術70年」（毎日新聞社と共催）
1967年	開局5周年記念「ウィーン少年合唱団名古屋公演」
1970年	東海小学生サッカー大会
1972年	開局10周年記念「ウィーン少年合唱団名古屋公演」
1972年	第1回「新春子どもタコ上げ大会」
1977年	ミレー、コロー、クールベ展

1977年	開局15周年記念「浮世絵名品百選展」
1978年	フランス国立管弦楽団名古屋公演
1979年	「機動戦士ガンダム」ファンの集い
1981年	第1回名古屋テレビ子供ピアノコンクール
1983年	シルヴィア・マルコヴィッチ「ヴァイオリンリサイタル」
1984年	「宝酒造インビテーショナル」(のちのTAKARAインビテーショナル、TaKaRaワールドインビテーシナル)
1985年	ケニードリューピアノトリオWITHトゥーツシールマンズジャズコンサート
1985年	スペイン伝統のオペラ「サルスエラ歌劇場」名古屋公演
1986年	栄地区がお祭りになった!「バイタルNAGOYA'86」開催
1987年	当社所蔵浮世絵展「美人と東海道」開催
1988年	「ウエストサイド・ストーリー」名古屋公演
1988年	「英国ロイヤルバレエ」名古屋公演
1988年	「20世紀美術偉大な先駆者たち展」
1988年	「ショージ・ベンソン&アール・クルー」名古屋公演
1989年	泉谷しげる「HOWLING LIVE」
1990年	「宗次郎LIVEピラミッド」
1990年	「小比類巻かほるライブ」開催
1990年	伊勢神宮内宮神苑で「姫神」によるシンセサイザーコンサート
1991年	「PGAシニアツアー名古屋テレビカップ1991」
1991年	開局30周年記念　スペースファンタジ「夏休み宇宙フォーラム」
1991年	開局30周年記念　「朝日・ソーラーカーラリーIN名古屋
1991年	開局30周年記念　機動戦士ガンダムフェスタ
1991年	開局30周年記念　国際シンポジウム「新秩序を求めて～21世紀への道」
1991年	開局30周年記念　「91全国一輪車マラソン大会」を開催(愛知青少年公園)
1992年	開局30周年記念　ブロードウェイミュージカル「グランドホテル」公演
1992年	開局30周年記念　「江戸どりーむ・とりっぷ」浮世絵名品展
1992年	開局30周年記念　「ひだ白川郷 都はるみ野外コンサート」
1992年	開局30周年記念　第1回東海地区工業高校生アイデアロボット競技大会開催
1992年	名古屋テレビキャンパスフェスタ'92
1993年	モスクワ・マールイ劇場「桜の園」「ニコライ二世」公演
1993年	ミュージカル「オズの廃法使い」公演

1993年	久石譲＆名古屋フィルハーモニー交響楽団によるグリーン・コンサート
1994年	ブロードウェイミュージカル「シークレット・ガーデン」
1994年	森と湖に親しむコンサート「J-WALK 真夏の熱狂ライブ」
1994年	「女性演歌夏まつり」
1995年	日本大正村クロスカントリー
1995年	グリーン・コンサート 95・宗次郎初演オカリナ協奏曲
1995年	坂本龍一コンサート
1995年	「身毒丸」武田真治・白石加代子の見世物オペラ
1996年	ヒューストン・グランド・オペラ「ポーギーとベス」
1996年	ブロードウェイミュージカル「ウエスト・サイド・ストーリー」
1996年	「花まつりフットサル・トーナメント '96」
1996年	バイタル 96
1996年	「北川民次展」
1997年	メトロポリタン歌劇場「カヴァレリア・ルスティカーナ／道化師」トスカ」「カルメン」
1997年	松田聖子コンサート開催（~22日 名古屋市総合体育館レインボーホール）
1997年	開局 35 周年イベント 「積水ハウス CUP 国際女子テニスエキジビションマッチ 97」
1997年	バッハ・コレギウム・ジャパン「クリスマス・オフトリオ」
1998年	ニュー・イヤー・オペラ プラハ国立歌劇場「こうもり」
1998年	「ロミオとジュリエット」
1998年	鮫島有美子リサイタル
1998年	レナード・バーンスタインズニューヨーク
1999年	「米長美一とヨッヘン・コヴァルスキー カウンタナー・スペシャル・コンサート」
1999年	チェコ国立フルノ歌劇場「カルメン」
2000年	ニューイヤーオペラ・プラハ国立歌劇場「魔笛」
2000年	「奇跡の人」（大竹しのぶ・管野美穂）
2000年	「ミルバ ドラマティック・リサイタル 2000 ラスト・ツアー」
2000年	「ナゴヤテレビ秋まつり 2000」
2000年	Let's ドン・キホーテ 10 周年記念「ファンとの集い」～海上の森で～
2001年	名古屋テレビ春まつり 2001
2001年	プラハ国立歌劇場「アイーダ」公演
2002年	40 周年記念事業「世界遺産ポンペイ展」

2002年	「クラッシュギア」選手権名古屋大会開催
2002年	ブロードウェイミュージカル「SWING！」
2003年	ミュージカル「オケピ！」名古屋公演
2003年	メ～テレ夏まつり2003 新舞子シーサイドパーク
2004年	マダムメルヴィル
2005年	ブロードウェイミュージカル「サウンド・オブ・ミュージック」
2006年	間違いの喜劇
2006年	ペルシャ文明展
2006年	開局45周年記念事業 「奇跡の人」（石原さとみ初舞台）
2007年	メ～テレアナウンス部朗読イベント「ごくりっ!」
2007年	開局45周年記念事業 「恋の骨折り損」
2007年	トルコ・イスタンブール歴史紀行「トプカプ宮殿の至宝展」
2007年	メ～テレアナウンス部プレゼンツ朗読イベント第2弾「ラフォステ」
2008年	辻井伸行ピアノリサイタル開催
2008年	演劇集団キャラメルボックス！ハーフタイムシアター」
2009年	地球に優しいエコ・フリマ with メ～テレ」開催（豊田入タシアム）
2009年	生誕30周年祭 in NAGOYA ガンダム THE FIRST ～未来創造の世紀へ～
2009年	ブロードウェイミュージカル「ウエスト・サイド・ストーリー」
2009年	「トヨタホームリンク」開設
2011年	「棟方志功 祈りと旅」展
2011年	「クレイジーハニー」（長澤まさみ、リリー・フランキー初舞台）
2011年	「猟銃」

テレビ愛知

テレビ制作番組

1983年 ～ 1992年	ホットレポート
1983年	TV カルチャー奥さまDO ！
1993年	中京経済人紅白歌合戦
1993年	ドラゴンズ・サンデー９
1994年	スポーツでないと！～
1994年	大前研一の平成談義
1995年	ほっとサンデー生放送
1995年	八事物語
1994年	女たちの名古屋城
1994年	納涼・演歌奉納　名古屋の歌まつり
1995年 ～ 1996年	夜もARI ～ ARI
1996年	竜鯱亭営業中
1995年	なごやか交友録
1996年	痛快大名徳川宗春～吉宗に挑んだ男
1998年	開運！なんでも鑑定団　名古屋大会
1996年 ～ 2003年	オイシイのが好き！
1996年 ～ 1997年	ヨロシク！ DJ
1998年	新春ドラゴンズスペシャル　ことしはやります
1998年	パパはエステティシャン
2000年 ～ 2001年	イカリングの面積
2010年 ～ 2012年	３時のつボッ！
2012年 ～ 2013年	山浦ひさしのトコトン！１スタ
1997年 ～ 2013年	遊びに行こっ！→ 遊びに行こっ！～旅するＴＶ～ホトチャンネル
2013年 ～ 継続中	激論！コロシアム～これでいいのか？ニッポン～
2020年 ～ 2022年	デラメチャ気になる！
2016年 ～ 2022年	データで解析！サンデージャーナル
2012年 ～ 継続中	工場へ行こう
2022年 ～ 継続中	キン・ドニーチ
2020年 ～ 継続中	５時スタ
2022年 ～ 継続中	千原ジュニアの愛知あたりまえワールド☆～あなたの街に新仰天！～

2022年～2024年	テレビ愛知開局40周年 乃木坂46 佐藤楓 音色遺産 ～愛知69市区町村の音集め～

イベント

1993年	「大正琴にっぽんの歌まつり」
1993年	「ロリン・マゼール指揮 バイエルン放送交響楽団」
1993年	美輪明宏主演「黒蜥蜴」
1993年	「ジャン・コクトー展」
1993年	「坂東玉三郎 舞踊特別公演」
1993年	「トロカデロ・デ・モンテカルロ　バレエ団」
1993年	リンゼイ・ケンプ・カンパニー「真夏の夜の夢」
1993年	「名古屋キャンピングワールド」
1993年	「その男ゾルバ」
1993年～継続中	名古屋キャンピングカーワールド→名古屋キャンピングカーフェア
1994年～継続中	マンモスフリーマーケット
1994年	「大須・若宮 ふれ愛夏まつり」
1994年	岐阜県最大級のアウトドアイベント「関ヶ原RV&キャンピングフェスティバル」
1995年～継続中	ウィーン・リング・アンサンブル・ニューイヤーコンサート
1995年	「ナゴヤRVショウ」
1995年	「名古屋ノスタルジックCARショウ」
1995年	野外コンサート「レゲエ・ジャパンスプラッシュ'95イン東海」
1995年	国際女子テニス公式戦「ティーバ杯レディースオープン」
1995年	郷ひろみ特別公演「権八小紫」&歌謡ショー
1995年	歌手生活30周年記念「森進一リサイタル」
1995年	ロックンロールの巨尻「ロッド・スチュワート・コンサート」
1996年	「リチャード・クレイダーマンオーケストラ」
1996年	特別企画「徳川宗春」御園座公演
1998年～2015年	テレビキャラクター夢ドーム
2000年～	ふわふわワールド
2004年～継続中	わんにゃんドーム
2009年～継続中	ナゴヤレプタイルズワールド
2018年～継続中	やきものワールド
2023年	動き出す浮世絵展

岐阜放送

テレビ制作番組

1975年	ママさんバレーボール中継
1977年	ワイドぎふ8時のひろば
1980年	輝け！大賞カラオケのど自慢
1982年	長良川全国花火大会中継
2000年	あさかんTV ぎふ一番
2008年	ぎふチャンワイドタワー４３
2011年	昭和がらくた劇場
2013年	荒木とよひさの男の湯や番
2014年	Station ！
2016年	美の精華
2016年	鈴木ちなみの元気のみなもと　ちなみな！
2019年	ぎふサテ！
2020年	生放送ぎふナビ！
2022年	めっちゃぎふわかるてれび

Pick Up

『昭和がらくた劇場』（2011年）

ショット・バーを舞台に、マスターと常連客が昭和の出来事を取り上げたエピソードトークを繰り広げ、懐かしの歌謡曲に耳を傾ける。バーのマスター「オカちゃん」と、常連客で元新聞記者「スーさん」の穏やかで心温まるやりとりが人気で、多くの経済人や文化人が番組ゲストとして登場し、思い出話に花を咲かせた。番組は2011年のスタートから10年にわたって続き、2021年3月に惜しまれつつ全188回の放送を終了した。

ラジオ制作番組

1963年	ラジオ岐阜です　こんにちは
1971年	ヤングスタジオ１４３０
1974年	さわやかワイドぎふTODAY
1980年	岐阜放送ラジオまつり
1997年	らぶらぶワイドぎふTODAY
2001年	真夏の33時間電リクスペシャル
2007年	月金ラジオ２時６時
2014年	黄昏ないｄａｙ！Ｓｕｎｄａｙ
2018年	永田薫のマジ☆ぎふ
2019年	週刊ラジオ　聴く新聞
2022年	Gift tune

イベント

1946年	岐阜新聞・岐阜放送　長良川全国花火大会
1963年	ラジオ岐阜開局記念「こまどり姉妹歌謡ショー」
1978年	「第１回県アマチュア・ゴルフ選手権大会」
1980年	岐阜放送本社完成記念「第１回千人の少年少女大合唱フェスティバル」
1981年	岐阜放送開局20年記念特別公演「坂東玉三郎美の世界」
1987年	岐阜放送開局25周年記念「人間国宝金城次郎陶芸展」
2001年	岐阜放送開局40周年記念プレイベント「ブラザーズ・フォア・コンサート」
2002年	岐阜放送開局40年記念イベント「よしもとお笑いEXPOイン岐阜」
2007年	岐阜放送社屋移転記念プレイベント「GIFUすこやかヘルシーウォーク2007」
2012年	開局50年記念事業特別展「マルク・シャガールー愛をめぐる追想」
2016年	岐阜新聞・ぎふチャン共催「第１回おおがきマラソン」開催。
2017年	開局55年記念「ウィーンフォルクスオーパー交響楽団ニューイヤーコンサート」
2017年	開局55年記念「新垣隆展」
2017年	テレビ開局半世紀記念事業「バイオリニスト五嶋龍リサイタル」
2022年	開局60年ぎふチャンまつり #ツナガル文化祭

Pick Up

『開局60年ぎふチャンまつり ＃ツナガル文化祭』(2022年)

開局から60年の記念日にあたる2022年12月24日、JR岐阜駅前の信長ゆめ広場をメイン会場にぎふチャンまつりを開催した。岐阜ゆかりの多彩なゲストのステージイベントや、地元の学生・子供たちによる文化発表のほか、「防災」をテーマとしたシンポジウムや開局60年のあゆみを振り返るパネル展・ラジオ作り工作教室などを通して、県民と「ツナガル」イベントとなった。

岐阜高校書道部　書道パフォーマンス

三重テレビ

テレビ制作番組

1969年	開局記念特番　あなたとわたしの３３チャンネル
1970年	三重テレビフラッシュニュース
1970年 ～ 継続中	全国高校野球選手権三重大会中継
1975年	三重国体秋季大会開会式中継
1977年	みえみえタイム
1981年	三重県オープンゴルフ選手権大会
1982年	三重テレビカラオケ大会
1983年	週刊シネボックス
1986年	ステラ・ナイト
1987年	伊勢路たべある記
1987年	生放送！三重ちゃった
1988年	いきいきスタジオ３３
1988年	三重テレビクイズふるさと便
1990年	スタジオＡｍｉｅ
1992年	第61回式年遷宮特別番組「お伊勢さん」
1995年	おもいっきり〇ミエＴＶ
1997年	おはよう！三重
1999年	イブニングワイド　あなたにピッ！
2002年	エムテレ
2004年	ワクドキ！元気
2004年 ～ 継続中	安濃津よさこい中継
2007年 ～ 継続中	ええじゃないか。
2007年	カルチャーＳＨＯｗＱ～２１世紀テレビ検定～
2008年 ～ 継続中	美し国三重市町対抗駅伝　※2010年より生中継
2008年	キンさばっ！！～近所の裁き～
2011年	欽ちゃんのニッポン元気化計画
2013年	第62回式年遷宮特別番組「お伊勢さん」
2016年	明日への手紙　２０１６ジュニアサミットｉｎ三重
2016年	ドキュメンタリー　大ちゃんと為さん

2019年 ～ 継続中	Ｍｉｅライブ
2022年 ～ 継続中	部活応援！とこわかアスリート
2022年 ～ 継続中	ビスケットブラザーズの行けばわかるさ！～三重街道中ひざくりげ～
2022年 ～ 継続中	ボイメンパーク
2023年 ～ 継続中	エムっとくんとおどろう

三重テレビ　県民とともに55年

三重テレビは1969年開局、以来ニュース、情報番組、スポーツ中継など、地元密着の情報発信を手掛けてきた。当初“プレーボールからゲームセットまで”をキャッチフレーズにしたプロ野球中継は、今でも多くのファンを魅力し続けている。全国高校野球三重大会中継も開局当時から取り組んでいる。

73年12月の衆議院議員選挙を皮切りに開票速報を報道し、“選挙の三重テレビ”というイメージを確立してきた。77年音楽と街頭インタビューに特化したディスクジョッキー番組「みえみえたいむ」では、県内外の中高生から毎週平均1400通、最盛期には8000通のリクエストが届く人気だった。視聴者参加番組「三重テレビカラオケ大会」には県内外から出場希望者が殺到。82年から17年間続く長寿番組となった。その後「カラオケONステージ」も放送。

99年「イブニングワイド あなたにピっ！」を放送開始。数度のリニューアルを経て、現在の「ニュース情報番組Mieライブ」へと、夕方帯の生情報番組を定着させた。

2007年4月に独立6局で立ち上げた共同制作機構・東名阪ネット6で「カルチャーＳＨＯwQ～21世紀テレビ検定～」を企画、2年間放送。

10年12月に萩本欽一氏が三重テレビ編成企画室名誉局長に就

任し、「キンさばっ!!～近所の裁き～」「欽ちゃんのニッポン元気化計画」で、一流の笑いをお茶の間に届けた。

13年第62回伊勢神宮式年遷宮特別番組「お伊勢さん」を皮切りに毎年、全10話を制作し、独立局を中心とする地上波のみならず、BS局でも放送されてきた。第11弾となる23年度は「NINJA～忍び者の生きる道～」を放送中。コロナ禍を経て復活した「新・ええじゃないか～いい旅 いい発見～」のほか、「ビスケットブラザーズの行けばわかるさ！～三重街道中ひざくりげ～」「ボイメン☆パーク」などバラエティ番組も手掛け、今後も多くの県民に愛される番組作りに尽力していく。

カルチャー

キンさばっ!!

新・ええじゃないか

イベント

1971年	三重テレビ杯争奪ボウリング大会
1976年	三重県家庭婦人バレーボール大会
1982年	三重テレビ杯争奪ダブルスボウリング大会
1986年	国立ボリショイサーカス松阪公演
1988年	開局20周年記念事業「能パフォーマンス」
1990年	開局20周年記念事業「三重音楽フェスティバル」
1995年	三重テレビ環境キャンペーン
1996年	プロ野球28会・夢の球宴
1999年	開局30周年記念事業「トトロと井上あずみFamily Concert」
2000年	開局30周年記念事業「新日本フィルハーモニー交響楽団演奏会」
2000年	モーニング娘。コンサート
2002年	開局33周年記念事業「引田天功スーパーイリュージョン」
2004年	エムっとくんダンスイベント
2004年～継続中	文治まつり
2004年～継続中	顕彰事業「三重テレビ元気大賞」創設
2004年	開局35周年記念事業「桂文珍独演会」
2006年	みえＴ＆Ｆアカデミー
2007年	ドーンとエンジョイベースボール！茨城ゴールデンゴールズｉｎ三重
2010年	いざ出陣！三重スリーアローズｖｓ茨城ゴールデンゴールズ
2010年	平成二十二年春巡業　大相撲津場所
2014年	開局45周年記念事業「感謝の集い２ＤＡＹＳ」
2016年	平成二十八年春巡業　大相撲伊賀場所
2020年～継続中	AVEX CUP 三重県小学生テニス選手権大会
2022年	ハッピードリームサーカス桑名公演
2023年	MINIATURE LIFE 展～田中達也 見立ての世界～
2023年	ハッピードリームサーカス名古屋公演

イベントで地元三重県を元気に。

1969年の開局以来、三重テレビはイベントを通じて三重県の人たちに笑顔を届けるべく、スポーツ・文化・芸術など幅広い分野で多くの主催・後援事業を手掛けてきました。またスポーツイベントを中心にテレビ中継とネット配信を連動させるなど、テレビ局ならではの展開にも力を入れています。

地域の女性が活躍する「三重県家庭婦人バレーボール大会」は1976年の第1回大会から熱戦の模様を中継。2008年に始まった「美し国三重市町対抗駅伝大会」は全てのレースを中継しているほか、野球・サッカー・ラグビーなど高校生スポーツの三重県大会を中継し、出場する選手はもちろん、運営に携わる多くの人たちの熱い思いを伝える努力を積み重ねています。文化事業でも開局以来、コンサートや講演会などを数多く開催しました。1986年にはソ連（当時）を代表する国立ボリショイサーカスを初めて三重県に招聘。ハイレベルな演技が大きな話題を呼びました。以降定期的にサーカス事業を開催し「サーカス」は三重テレビ主催事業の代名詞となりました。「桂」を名乗る落語家の元祖・桂文治の墓所が三重県にあることから始めた落語会「文治まつり」は、2022年の開催で17回を数える長寿イベントとなっています。

2004年にはスポーツ・文化芸術などさまざまな分野で活躍する三重県にゆかりの深い個人・団体を応援する顕彰事業「三重テレビ元気大賞」を創設（15年に「三重テレビ大賞」にリニューアル）。各分野における県内の人材育成、技能継承、活動支援の一助となることを目的に、受賞対象者の発掘に力を注いでいます。

TOKAI RADIO

ラジオ制作番組

1960年	セリーグ開幕試合「中日×大洋」
1961年	ドラマ「母貝」
1963年	みんな元気です
1966年	星に唄おう
1966年	おはよう東海
1966年	今日も明るく
1967年	プロボクシング「ファイティング原田×ジョー・メデル戦」
1968年	ミッドナイト東海
1970年	モテモテ東海土曜大作戦
1972年	さん！さん！モーニング
1972年	連続ラジオ歴史物語
1973年	東海ハイウェイ あなた出番です
1973年	ショーナイター
1973年	やぁ！やぁ！サンデー・サテライトリクエスト合戦
1974年	なごやか寄席
1975年	財津和夫の人生ゲーム
1975年～継続中	ガッツナイター
1976年	ナゴヤフォークタウン
1977年	ふれあいスタジオお隣さんお向かいさん
1978年	ぶっつけワイド
1979年	スーパーワイド ザ・ラジオ
1982年	アマチンのラジオにおまかせ
1986年	SF ROCK STATION
1987年	TOKYO UP SIDE STATION
1990年	蟹江あつ子の気分はほっと
1991年	天野良春のスーパースクランブル
1995年	みの・ひだ どらまん街道
1997年～継続中	かにタク言ったもん勝ち
1997年	宮地佑紀生の聞いてみや～ち

2005年	ミッドナイト東海21
2008年	兵藤ゆきのスーパーチューズデー
2010年	源石和輝モルゲン！！
2010年	SKE48♡1＋1は2じゃないよ！
2011年	チア★スポ
2012年	よみがえる話芸節談説教
2013年	松原敬生の日曜も歌謡曲
2015年	戦後70年特別番組「いくさ遺産 村の言霊」
2016年	FINE DAYS ！
2018年～継続中	東海オンエアラジオ
2019年	ドラゴンズステーション
2019年～継続中	クリエイターズ
2022年～継続中	Saturday Flavor
2022年～継続中	SUNDAY FUNDAY!
2022年～継続中	GRooVE929
2022年～継続中	LIFE HACKERS!
2022年～継続中	bre:eze
2022年～継続中	Live Dragons!

Pick Up

『ガッツナイター』(1975年)

当社のプロ野球中継の歴史を遡ると、開局の年からすでに試合開始から終了までの完全中継で臨んでいた。また、昭和48年には「ショーナイター」という野球好きなタレントが実況した冒険がファン賛否を巻き起こした。そして昭和50年に「ガッツナイター」として今も引き続き愛聴され、TOKAI RADIOの代名詞のようにファンに刻まれている。

Pick Up

『bre:eze』(2022年)

2022年秋の改編は、リスナーだけでなく業界を含め大いに話題となった。従来のトーク中心の構成から、音楽を大幅に増やし「オトナのミュージックステーション」をコンセプトに多くのワイド番組をDJ一人が進行するスタイルに改編したことによるものである。このコンセプトを具現化する番組のひとつが「bre:eze」である。DJイレーネの優しいトークと音楽の知識により、夕方のひと時をリスナーと共に心地よい時間を過ごせる番組となっている。

イベント

1962年	オープン戦(各地)(〜プロ野球公式戦)
1964年	第1回全国選抜名古屋大花火
1972年	名古屋わんぱく祭(〜「ナゴヤG・Wフェスタ」)
1973年	ライブアクトチューリップイン鈴蘭高原
1977年	ナゴヤ球場コンサート
1979年	ナゴヤモーターフェスティバル(〜名古屋モーターショー)
1984年	「国立ボリショイサーカス」名古屋公演
1986年	名古屋城夏まつり
1991年	名古屋モーターショー
1997年	ナゴヤドームコンサート
2002年	ナゴヤG・Wフェスタ
2014年	プロ野球公式戦(豊橋市民球場)

Pick Up

『プロ野球公式戦』(1962年)

1962年から始まった東海ラジオ放送主催のプロ野球オープン戦。毎年、岐阜、半田、豊橋、津など会場を変え開催し、各地のドラゴンズファンに大変好評を得ていた。この実績を基に平成16年から豊橋市民球場でプロ野球公式戦を雨天中止・コロナ禍を除き、毎年開催している。今後もドーム球場とは違う野外球場かつ、数少ない地方球場開催を豊橋を中心とする野球ファンに楽しんで頂きたい。

『国立ボリショイサーカス』(1984年)

1958年に初来日以降、60年以上名古屋で開催し続けているボリショイサーカス。ここまで長く続けてこられたのはなぜか？誰にとっても内容が分かりやすく、圧倒的な凄技が見られるからだと思う。空中ブランコ、馬に乗ってのアクロバット。自分では絶対に出来ないパフォーマンスを間近で見せてくれ、非日常を家族で味わうのにうってつけである。また名古屋の地に、最高峰のサーカス集団を招聘できる日を期待する。

FM AICHI

ラジオ制作番組

1969年～1989年	FMバラエティ ※ミニコーナー「小夜子 UP TO YOU」は終了後も1993年まで継続。
1970年～1999年	愛知県教育委員会FM教室→愛知県教育放送
1972年～継続中	歌謡ベスト10 ※現在は「COUNTDOWN JAPAN」として継続。(JFNネット)
1972年～2017年	ポップス・ベスト10 (JFNネット)
1977年～継続中	ジェット・ストリーム ※番組自体は1967年から放送(JFNネット)
1981年～1989年	FMメイツ　サウンド・シャワー ※初期の人気パーソナリティ、柴田チコが担当。前身番組「FMメイツ5時」は1978年より放送。
1984年～1993年	JOY JOY WAVE リクエスト・トップ10
1987年～1989年	Welcome to Music ※ちわきまゆみ、松原みき、鮎川麻弥等がレギュラー出演。
1992年～継続中	山下達郎 サンデー・ソングブック ※開始当初は「サタデー・ソングブック」(JFNネット)
1993年～1998年	P-POP STATION ※ステーション名ならびに全ローカルワイドを「P-POP STATION」と標榜。サウンドステッカーを久石譲氏、ステーションロゴを高橋幸宏氏が担当した時期も。
1993年～1999年	MILLION NIGHTS ※赤坂泰彦が97年9月まで担当。(JFNネット)
1994年～1995年	合点太巻天狗 ※雲竜FLEXビルから生放送。THE YELLOW MONKEY 吉井和哉、LUNA SEA 真矢等がパーソナリティを担当。
1995年～継続中	ディア・フレンズ (JFNネット)
1996年～2015年	福山雅治のSUZUKI トーキングF.M. ※現在は「福山雅治 福のラジオ」を放送。(JFNネット)
1996年～2018年	木村拓哉のWHAT'S UP SMAP! ※現在は「木村拓哉 Flow」を放送。(JFNネット)
1999年～継続中	やまだひさしのラジアンリミテッド ※タイトル、放送時間を変えながら継続中。現在は「ラジアンリミテッドF」。(JFNネット)
2001年～2004年	マジカル・ジャンクション ※栄、電気ビル「プラザC'sスタジオ」から生放送。
2001年～2010年	パワー・ミックス
2001年～2011年	パラダイス・ビート
2005年～継続中	SCHOOL OF LOCK! (JFNネット)

2007年～継続中	アスナルトレジャー ※アスナル金山で月2回の公開録音。
2007年～2019年	Menicon Music Triangle ※2019年4月より「Menicon Music Contact」に変更。
2009年	FM AICHI 40th Anniversary Special "MUSICATION" ※開局40周年記念、全8回の特別番組。
2009年	ULTRADIO 40 ※開局40周年のライブ生中継を含む40時間特番。
2011年～2014年	ラジマル・フライデー
2015年～2019年	Radio Freaks
2018年～継続中	村上RADIO ※作家、村上春樹による特別番組。現在は月1回ペースで放送。（JFNネット）
2019年～2020年	UPBEAT WEEKEND ※開局50周年記念ワイド番組。毎週エリア内の様々な会場から公開生放送。
2020年～継続中	MORNING BREEZE
2020年～継続中	DAYDREAM MAGIC
2020年～継続中	AFTERNOON COLORS

Pick Up

公開録音番組『アスナルトレジャー』（2007年～継続中）

名古屋を代表するターミナル、金山総合駅に隣接する複合商業施設「アスナル金山」の屋外ステージを舞台に、"日常のお宝さがし"をコンセプトにお届けしている公開録音番組。ゲストを招いたライブなどもあり、毎回多くのリスナーが観覧に訪れてくださいます。現在は「須田亜香里・大倉士門×ASUNAL TREASURE」として、原則毎月第2・第4木曜日に公開収録を実施しています。

イベント

1975年～1990年代後期	FM愛知ブライダルキャンペーン ※新婚夫婦にプレゼントが当たる企画。形を変えて90年代後期まで継続。
1982年	パイオニアStudioBoy発売記念コンサート（愛知県体育館） ※出演：RCサクセション他

1984年～継続中	高級オーディオ試聴会 ※「AUDIO FESTA IN NAGOYA」として現在も継続。
1984年	KIRIN NAGOYA ROCK FESTIVAL（ナゴヤ球場）
1989年	FM 愛知開局 20 周年記念 シーマックス 1000 近藤真彦 ライブ イン 名古屋（庄内緑地公園陸上競技場）
1992年～2000年代後期	内海海岸 サマーキャンペーン ※形を変えながら2000 年代後半まで継続。
1999年	開局 30 周年キャンペーン ※キャンペーンアーティストに藤井フミヤ
1999年～継続中	Do! Safety ※現在も続く交通安全キャンペーン
1999年～2000年代中期	POWER GIG ※ 2000 年代中期まで実施。aiko 等が出演。
2001年～継続中	コスモ アースコンシャス アクト クリーン・キャンペーン ※直近の実施は2019 年。
2005年～2007年	FM AICHI パーソナリティコンテスト
2009年	開局 40 周年記念コンピレーション CD「アイチカラ・・・」リリース
2009年～2020年	Let's エコメンドブック ※全 11 回発行。エコを特集した小冊子。
2010年～2018年	STAND UP! ※ライブイベント。2019 年は天候不良の為、2020 年はコロナウイルス感染症の為休止。
2012年～2019年	前橋汀子 ヴァイオリン・リサイタル
2014年～2017年	FM AICHI マラソン

Pick Up

『FM AICHI SAFETY DRIVERS CAMPAIGN Do! Safety』
（1999年～継続中）

1999 年の開局 30 周年を機に、愛知県の悲惨な交通事故を減らしたいと交通安全キャンペーン Do! Safety をスタートさせました。実際にリスナーが100 日間の無事故無違反にチャレンジする参加型の本キャンペーンは、後援頂いた愛知県警察、愛知県、名古屋市をはじめとする関係行政、さらに運営のご協力を頂いた愛知県指定自動車教習所協会、自動車安全運転センター愛知県事務所をはじめとする諸団体の皆様にも評価頂いています。

Do!Safety
FM AICHI SAFETY DRIVERS CAMPAIGN

ZIP-FM

ラジオ制作番組

1993年～1998年	ZIP MORNING BUZZ
1993年～1998年	Z-CALL 77.8
1993年～継続中	ZIP HOT 100
1998年～1999年	ZIP GLOCAL TODAY
1998年～2000年	BIG FUN ZIP
1998年～2018年	ZIP DANCE HIT 20
2002年～2018年	Z-POP COUNTDOWN 30
2004年～2009年	MORNING JACK
2004年～2009年	AFTERNOON MUSE
2004年～2023年	SATURDAY GO AROUND
2004年～継続中	REAL ROCKS
2005年～2019年	ZIP-FM COUNTDOWN FESTIVAL
2006年～2022年	BEATNIK JUNCTION
2008年～2010年	Z-TIME BIZ
2008年～継続中	FIND OUT
2009年～2018年	MORNING CHARGE
2009年～2013年	SMILE DELI
2009年～2013年	BANG! BANG! ZIP
2013年～2018年	PEACHY.
2013年～2018年	FABULOUS RIDE
2013年～2015年	WOW!
2016年～継続中	JOYFUL
2018年～2022年	High! MORNING
2018年～継続中	BRUNCH STYLE
2018年～2022年	bloomy*
2018年～2022年	tTime
2022年～継続中	MORNING BOOOOOOST
2022年～継続中	Blissful Time
2022年～継続中	SUPER CAST

2022年 ～ 継続中	×music
2023年 ～ 継続中	OVER VIEW
2023年 ～ 継続中	MAGIC JAM

Pick Up

『ZIP-FM COUNTDOWN FESTIVAL』(2005年～2019年)

2005年から2019年まで、「ラグーナテンボス」からZIP-FMの公開生放送でお届けしたカウントダウン・イベントの特別番組が「ZIP-FM COUNT DOWN FESTIVAL」。

毎年、多数のアーティストをゲストに招き、参加してくれたお客様とラジオの向こうのリスナーと一緒にカウントダウンを迎えてきました。

『BEATNIK JUNCTION』(2006年～2022年)

2005年のLACHICのオープンとともに、サテライトスタジオとして「ZIP-FM STUDIO LACHIC」をスタートし、2006年から2022年までお届けした番組が「BEATNIL JUNCTION」。

毎週月曜日～木曜日に公開生放送を行い、時に豪華なゲストを招き、栄の街を盛りあげていました。

イベント

1993年	ZIP-FM XMAS SQUARE
1995年	Act Against AIDS コンサート
1997年	ZIP-FM SEASIDE STATION from 新舞子マリンパーク
2000年	RED HOT SUPER LIVE

2003年	ZIP SUPER SQUARE
2003年	ZIPPIE DANCE PARTY
2006年	SAKAE SP-RING
2008年	ZIP AUTUMN SQUARE
2013年	ZIP SPRING SQUARE
2015年	レゲエフェス DIRECT
2016年	ZIP-FM TANABATASTIATION from LACHIC
2017年	秋酒祭
2018年	GREEN and GOLD
2022年	SAKAE SAKE SQUARE
2022年	ZIP AUTUMN STATION
2023年	SAKURA WINE FESTIVAL
2023年	ZIP OHANAMI STATION

Pick Up

『SAKAE SP-RING』(2006年〜継続中)

ZIP-FMが、2006年にスタートさせたオムニバス・ライブサーキット「SAKAE SP-RING」。
「新しい音楽との出会い」をコンセプトに、地元名古屋から全国に発信する音楽イベントとして、毎年およそ300組のアーティストが出演しています。

Pick Up

『ZIP AUTUMN SQUARE』（2003年～継続中）

2003 年の ZIP-FM 開局 10 周年からスタートし、毎年 10 月初旬の土・日に、ZIP-FM の周年イベントとして開催している「ZIP AUTUMN SQUARE」。

毎年多数のアーティストに出演してもらい、リスナーに感謝の気持ちを込めたスペシャル・イベントとして入場無料で行っています。

中日新聞

イベント

2020年	ライデン国立古代博物館所蔵　古代エジプト展
2021年	渡辺省亭－欧米を魅了した花鳥画－
2021年	こぐまちゃんとしろくまちゃん　絵本作家・わかやまけんの世界
2021年	ジブリの大博覧会
2022年	ゴッホ展　―響きあう魂　ヘレーネとフィンセント―
2022年	ミロ展―日本を夢みて
2022年	第6回名古屋城こども王位戦
2022年	兵馬俑と古代中国～秦漢文明の遺産～
2022年	メニコンカップ2022日本クラブユースサッカー東西対抗戦（U-15）
2022年	備える！中日サバイバルキャンプ2022
2022年	「クマのプーさん」展
2022年	ジブリパークとジブリ展
2022年	名匠狂言会（第21回）
2022年	やきものワールド2022
2023年	名古屋フィギュアスケートフェスティバル2023
2023年	常陸宮賜杯第73回中部日本スキー大会
2023年	第82回中日農業賞
2023年	名古屋ウィメンズマラソン2023
2023年	第13回穂の国豊橋ハーフマラソン
2023年	高橋尚子杯ぎふ清流ハーフマラソン2023
2023年	第63回中日クラウンズ
2023年	第48回中日いけばな芸術展
2023年	ストラディヴァリウス・サミット・コンサート2023
2023年	第4回 中日落語会
2023年	第67回中日少年野球大会・ポッカサッポロ杯
2023年	第64期王位戦 第1局前夜祭・大盤解説会
2023年	令和5年大相撲名古屋場所
2023年	ル・グラン・ガラ2023～マチュー・ガニオとドロテ・ジルベールからの贈りもの～

Pick Up

『ゴッホ展――響きあう魂　ヘレーネとフィンセント』(2022年)

ファン・ゴッホ作品の世界最大の個人収集家で、のちに美術館も設立したヘレーネ・クレラー＝ミュラー。本展は、作品を通じて魂の交流ともいえる深い結びつきを得た画家と収集家の関係に焦点を当て、ファン・ゴッホの魅力に迫った。〈糸杉〉シリーズの傑作《夜のプロヴァンスの田舎道》(クレラー＝ミュラー美術館）が16年ぶりに来日したほか、ファン・ゴッホ美術館の《黄色い家（通り）》も特別出品。新型コロナウイルス感染症への警戒感がまん延する世情であったが13万人以上を動員した。

『名古屋ウィメンズマラソン2023』(2023年)

1980年、「中日女子20キロロードレース」としてスタートし、84年に「名古屋国際女子マラソン」に改称。五輪などの代表選考会も兼ね、高橋尚子や野口みずきら金メダリストを輩出。2011年の東日本大震災による中止を挟み、12年から市民ランナーも参加可能な「名古屋ウィメンズマラソン」に生まれ変わる。「世界最大の女子マラソン」としてギネス世界記録に認定。国内外のトップ選手が集う世界最高峰の大会として開催している。

提供 名古屋ウィメンズマラソン大会事務局

中部経済新聞

イベント

1971年 ～ 継続中	建築総合展 NAGOYA
1979年 ～ 継続中	名古屋モビリティショー（旧名古屋モーターショー）
1983年 ～ 継続中	あいち住まいるフェア（旧ナゴヤ増改築フェア）
2005年 ～ 継続中	あいちITSワールド（名古屋モビリティショーと同時開催）
2013年 ～ 継続中	全国高校生コマ大戦
2013年 ～ 継続中	夏山フェスタ
2021年 ～ 継続中	M&A TOKAI EXPO
2022年 ～ 継続中	名古屋モーターサイクルショー

Pick Up

『名古屋モビリティショー2023（旧名古屋モーターショー）』（1979年～継続中）

1979年に「ナゴヤモーターフェスティバル」としてスタート。その後、「名古屋モーターショー」に改称し、東京モーターショー開催後に東京で出品された国内自動車メーカーのコンセプトカーや最新市販車を名古屋へ移して展示する企画として隔年で開催。2007年からは名古屋輸入車ショウと合併し、国内と海外の車両ブランドを展示する総合自動車ショーに生まれ変わる。2023年からは東京モーターショーが新たに「Japan Mobility Show」として開催されたことを受け、「名古屋モビリティショー」として中部地区のユーザーを対象に隔年で開催している。

日本経済新聞名古屋支社

イベント

継続中	新春囲碁大会（毎年１月、日本棋院中部総本部）
継続中	名古屋景気討論会（毎年７月、名古屋市内主要ホテル）
継続中	日経ニューオフィス賞・中部ブロック （毎年８月に新聞発表、９月表彰式）
継続中	中京日経賞（毎年 12 月、中京競馬場）

読売新聞中部支社

イベント

1975 年 ～ 2020 年	東海社会人スキー選手権大会
1975 年 ～ 適宜開催	読売日本交響楽団名古屋公演
1979 年 ～ 継続中	読売犬山ハーフマラソン
1979 年 ～ 継続中	読売中部新人演奏会
1979 年 ～ 継続中	読売中部写真協会（1998 年から東海読売写真クラブ）
1980 年 ～ 2006 年	読売中部写真展
1986 年 ～ 2012 年	愛知県・江蘇省青少年囲碁交流
1991 年 ～ 2009 年	読売東海医学賞
2001 年 ～ 継続中	ふるさと全国県人会まつり
2005 年	愛・地球博「グローバル・ハウス」協賛

毎日新聞中部本社

イベント

1924年	第1回センバツ高校野球
1947年 ～ 継続中	ベーブルース杯争奪実業団野球
1957年 ～ 2010年	実業団駅伝競争大会 （男子 1957年～1985年、女子 1981年～2010年）
1962年 ～ 継続中	毎日書道展東海展
1962年 ～ 継続中	伊勢神宮奉納書道展
1964年	大ピカソ展
1971年	ゴヤ展
1987年 ～ 1995年	いわさきちひろの絵本展
1995年	赤瀬川原平の冒険
2007年	ロートレック展
2013年	新美南吉生誕100年　ごんぎつねの世界展

朝日新聞名古屋本社

イベント

1915年 ～ 継続中	全国高等学校野球選手権大会
1940年 ～ 継続中	全日本吹奏楽コンクール
1948年 ～ 継続中	全日本合唱コンクール
1970年 ～ 継続中	全日本大学駅伝対校選手権大会
継続中	囲碁（名人戦／朝日アマチュア囲碁名人戦）
継続中	将棋（名人戦・順位戦／朝日杯将棋オープン戦／朝日アマチュア将棋名人戦）
1929年 ～ 継続中	朝日賞
1997年 ～ 継続中	手塚治虫文化賞
2013年	「プーシキン美術館展」愛知県美術館
2019年	「クリムト展」豊田市美術館
2020年	「コートールド美術館展」愛知県美術館

キユーピー3分クッキング

家族の記憶に残る「家庭料理」の味を届けて60年

CBCテレビ
「キユーピー3分クッキング」プロデューサー
佐藤浩二

「キユーピー3分クッキング」は1962年12月3日に放送開始。以来〝毎日の献立に役立つ簡単・手軽な家庭料理〟をコンセプトに、時代ごとに世相を反映したメニューの提案をしてきました。そして、2022年12月3日には番組60周年を迎え、放送は17414回を数えました。

番組開始当時はタイトル通り、正味3分の内容でした。現在は放送枠が10分で、料理工程の紹介はおよそ6分になりましたが、簡単、手軽さを大切に「3分」という名を残しています。

番組は時代の流れに歩調を合わせて進んでいきます。

当番組は現在CBCテレビと日本テレビが制作し、全国を二つに分けて放送しています。しかし、番組が始まった頃は、北海道放送、東北放送、九州朝日放送でも、地域色豊かに制作していました。

当時は今ほど流通が発達しておらず、地域によって入手できる食材が異なっていたことも理由の一つです。今は北の大地のアスパラを南国で食べられる時代。1990年代からは現在の形となりました。

レシピにも時代が反映されます。ビーフシチューは、紹介回数第2位の定番メニュー。

番組開始当時から「洋食への憧れ。家庭でもレストランの味を楽しんでほしい」と、初代講師の宮本三郎先生が取り上げました。当時、ドミグラスソースは一般的ではなく、トマトケチャップやウスターソースを利用していました。

1983年頃迄は、消費の主流だったカリフラワーに代わ

1962年 初代講師 宮本三郎先生

り、ブロッコリーが台頭。番組でもブロッコリー料理の頻度が上がります。当時の日本人の食の好みの変化を示す典型的な事象かもしれません。

家族の形や時代は変化します。それに伴い番組は食材量の変更や、エコにつながる調理法も提案しています。

しかし、変化の中にあってもコンセプトを大切に守り、「家族の味になる家庭料理」をこれからもお届けしていきます。

4

新聞報の70年

1953年に産声をあげた「新聞報」。
その70年の歩みを振り返ります

『新聞報』の古希を寿《ことほ》ぐ会心の記念号

『新聞報創刊70周年記念号』の自筆原稿「編集私記」最後の「。」を打ち終えた時、新聞報代表の菅沼東平はこれまでに経験したことのない充足感と、言い知れぬ虚脱感とを同時に味わった。半ば無謀といわれる種類の困難な仕事に挑み、苦心惨憺《さんたん》の末に、それをやり遂げた者にしか与えられぬ深い心地よさでもあろう。

２０２３年春に多くの日本人を熱狂させ、にわか野球ファンを増やした『ＷＢＣ（ワールド・ベースボール・クラシック）２０２３』は日本チーム優勝という、日本人にとって最高の結果で幕を閉じた。

大役を仰せつかった栗山秀樹監督をはじめ、投打に活躍した大谷翔平、若い選手を支えたダルビッシュ有、勝負強さをいかんなく発揮した吉田正尚や村上宗隆など、侍ジャパンの面々は連日、試合経過を見守るファンの心をつかみ、揺り動かした。

それだけに、優勝を勝ち取った後、多くのファンは熱狂後に訪れる、言いようのない寂しさの埋め合わせ方に戸惑った。「ＷＢＣロス」である。菅沼の胸に去来した虚脱感はそれに近いものかもしれない。

「はじめに」で触れているように、業界紙『新聞報』は２０２３年2月5日に創刊70周年を迎えた。多くの商業的な印刷媒体は、通巻の大きな区切りや、創刊の節目で、それまでの足取りを振り返る。ご多分に漏れず、新聞報も「創刊70周年記念号」を企てた。古希を寿ぐためのプロジェクトは2022年8月に動き出している。

その成果は、2023年4月20日付の第3153号に結実した。「新聞を開く　未来を拓く」との横見出しを掲げた第1面は、新聞報のバックナンバーや名古屋栄地区の景観、報道用機材などのコラージュで構成。愛知・岐阜・三重のエリアを表すイラストを重ねて、新聞報が地域に根差した媒体であることを印象付けた。

中面では大島宇一郎中日新聞社社長や、田中里沙学校法人先端教育機構・事業構想大学院大学学長と菅沼との大型対談を掲載。ウェブ編集者・亀松太郎、名古屋大学大学院准教授・元CBCアナウンサー・小川明子、放送作家・石井彰の各氏が寄稿した。それぞれ、新聞、テレビ、ラジオの置かれた現況と展望をまとめた示唆に富む読み物である。

「地元紙が伝える地域のニュース」と題するページでは、6つの在名新聞社代表が新聞報と自社との関わりや新聞報に対する期待などを寄せた。紙面後半には見開きで「東海3県風俗ヒストリー」を簡単な年表と写真、解説記事で仕立てた。記事ページの対向面には新聞社や放送局、広告代理店、関連業者などの創意を凝らした広告が彩りを添えた。

菅沼はページ半ばの「編集私記」で「(前略)この原稿書きが最後の、そして校了直前の僕の仕事となる。と思うと長い道のりを寄り道しながらここまできたものだと感慨にふける」と心情を吐露。作業期間中に患った自らの大病に触れ、一時は周年企画の断念を考えもしたが「チームワーク力を蓄えて、ピンチに決定打を放つ『村神様』は満を持して現れたのである」と、この号に関わった関係者の献身的な働きに謝意を記した。コラムは筆者名を示す（菅）の後、改行して、編集、広告スタッフ一人一人の名前を刻んで閉じた。

新聞報70年の足取りを改めて辿ってみよう。

狩猟者の眼差しで「書きたいことを書く」

新聞報の歴史を紐解くと、最初のページを彩るのは、新聞業界紙や一般紙などの勤務を経て「書きたいことを書く」という信念を実践した創業者・寄光勇の毅然とした姿である。

寄光は1911年5月18日、広島県三原市の寒村で生まれた。兄と姉、妹という4人兄弟の3番目である。物心ついたころから本を読むことを好んだ。しかし、人里離れた山深い場所に建つ生家には気軽に読める本がない。そこで、寄光は暇さえあれば近くの寺に足を運び、薄暗い部屋に並べられた本を片っ端から手に取った。

寄光にとって寺は図書館のような存在であった。しかし、蔵書のほとんどは仏教関係である。子どもにはちんぷんかんぷんの代物ばかり。だが、旺盛な知識欲は読みづらさをしのぐ勢いで、棚に並ぶ本を手に取らせた。

地元の尋常高等小学校を終えると、姉の嫁ぎ先（大阪市内）である商家で丁稚奉公に入った。しかし、寄光には単調な仕事の繰り返しが耐えられない。商売に向かない性分であることは寄光が一番分かっていた。そこで「苦学生求む！」という新聞販売店の募集広告を頼りに上京。身寄りのない東京では販売店に住み込み、新聞配達にいそしんだ。

その後、大田区大森の、ある開業医のもとに身を寄せた。書生修行を続けるかたわら、近くにある日本体育大学付属中学校（現在の日本体育大学荏原高等学校）に通った。月謝は大阪の姉が送り続けた。

同校を卒業後、慶應義塾大学文学部を受験し、見事に合格した。ただし、ほどなく中退。寄光は戦前の不穏な世相を背景とする「二・二六事件」を目の当たりにしたことを後年、家族や親しい周囲の人に語っている。現代の多くの人にとって年表の一項目でしかない出来事に居合わせたわけだ。このころから漠然と、ものを書いて生活することを人生の目標とするようになった。

社会人としてのスタートは名古屋を拠点としていた業界紙『新聞之新聞』の記者職である。主に出版関係を担当した。駆け出しの時分は北海道や樺太に何度も足を運んだ。この時期に生涯の伴侶となる智恵子と巡り合っている。その後『日本経済新聞』や業界紙『文化通信』などを経て、1953年2月5日に『新聞報』を創刊する。資金の一部は寄光のよき理解者で、日経時代の上司であった名古屋総局長から借用した。

創刊の原動力の一つは「書きたいことを書く」という記者の狩猟者的感覚であった。記者にとって大切な〝商売道具〟の一つともいえる目を患っていたことがかえって闘志を燃やさせたともいえる。組織の論理に阿《おもね》ったり、無用の忖度をしたりすることなく、公平で平等な目で物事を捉えたい。寄光が長年身を置いてきた新聞の世界はその格好の舞台といえた。

脂が乗り切っていたころの寄光は毎朝6時に起床。1時間余りをかけて一般紙のすべてに目を通す。その後、憑《つ》かれたように原稿を書き、午後3時ごろから飲み始める。缶ビールを1つ空けると日本酒に移り、6時ごろまで嗜《たしな》むのが日課であった。娘の水谷珠枝によれば、飲むと饒舌になるほうで、興に乗れば都々逸《どどいつ》を披露することもあったという。

寄光が最後まで貫いた新聞業界紙の自負と誇り

「地域に根差したニュースを全国に発信する」ことを信条とし、名古屋での発行にこだわった新聞報にとって『中日新聞』は最も頼りになる情報供給源であり、欠くべからざるソースであった。その大切な媒体から寄光勇は生涯に一度、出入り禁止処分を受けたことがある。オフレコの内容を活字にしたことが逆鱗に触れたのだ。実娘、水谷珠枝によると「期間は1、2カ月。総務部長のとりなしで、以前のように出入りできるようになった」。

半ば、すっぱ抜きの記事化は寄光なりの考えがあってのことだろうが、寄光は終生、その真意を周りの誰にも明かさなかった。「書きたいことを書く」を新聞報で実践している寄光にとっては、自分の考えを曲げず、貫いただけのことであったかもしれない。

書きたいことを書いた寄光の熱量を草創期の新聞報紙面からいくつか感じてみよう。

現存する最古の創刊第3号（1953年2月25日付）のトップ記事は「銀行ヤーイ広告出せ!!　民放営業責任者会議　名古屋で開く」。宣伝広告を出さないように申し合わせた銀行協会に見直しを迫るための打ち合わせを民間放送15社の営業責任者が名古屋で行ったことを報じている。

準トップは3段扱いで「テレビ放送へ免許　地元経済団体動く」と題し、CBC（中部日本放送）にテレビの放送免許を与えるよう、関係各省庁や団体に働きかけている中部経済連合会の動きを伝えている。

続いて「劇団研究生募集　テレビに備えて強化」として、CBCがトヨタ自動車に宣伝カーを発注したことや、アナウンサーと劇団研究生を募集していることを紹介。新聞業界ではなく、放送業界ネタを3本連ねている点が当時のマスコミの動きを映している。創刊した1953年は民間テレビ放送が始まった年でもある。

「販売店も顔負け　愛社拡張で町内根こそぎ」と題するタタミ記事では、朝日新聞が所属部署の垣根を越えて文字通り全社一丸で挙行した「愛社拡張」を取り上げている。

裏面でも新聞拡張記事を展開。「富士のすそ野に燃え広がる　きょうからドッと拡張団　静岡十地区に専売の狼火は狂う」と勇ましい見出しを掲げている。浜松市を舞台に繰り広げられた、朝日、毎日、読売、中日の拡張合戦の模様をトップに据えた。それを受ける準トップ記事は「総勢五百名　協定破って早くも乱戦」。

「朝日主婦の会誕生　専売店教育は奥様から」という微笑ましい記事も並ぶ。高度経済成長期前夜の新聞各社の部数拡大策の裏側を知る貴重な記録であろう。

第18号（1953年8月5日付）のトップは「断固！共同輸送停止　尚反省せずば共販も締め出す　神港問題で播州の風雲愈々急!!」として、新聞購読料の改定に端を発する輸送体制問題に切り込んでいる。寄光の面目躍如たる社会派タッチの記事である。

第58号（1954年11月15日付）では「編集権は健在なりや」との横見出しを掲げ『中部経済新聞』の好評連載が突如休載となったことを紹介。その背景に主力銀行の意向が働いているのではないかと問題提起した。紙面の半分を割き、リードでは「デフレ下に喘ぐ中小新聞の在り方に大きな示唆を与えるテーマとしてここに取り上げる」と明言。寄光らしい、自負と誇りに満ちた紙面であった。

「新聞の儲けは紙面に還元しなくては」が持論

ほぼ個人事業の形で始まった新聞報の発刊。創業時は毎月5日、15日、25日の旬刊であった。紙面はタブロイド判の両面印刷で、表面は主に新聞業界をめぐる動向や製作に関わる話題、裏面には販売店や広告代理店の話題が比較的多く掲載された。

その後、週刊発行（毎週火曜日）を経て、再び、旬刊（1日、10日、20日）に戻る。当初の部数は郵送で700部。情報提供元でもある新聞各社には直接届けた。

「新聞は儲けてはいけない。儲かれば紙面に還元しなくては」が持論。実際、紙面の質を高めるための設備や新たな企画のための人材発掘などには資金を惜しまなかった。

部数の伸長に伴って社員も雇えるようになり、有能なスタッフが寄光勇を支えた。

寄光は2カ月に1度ほどの割合で、情報交換を兼ねた取材と集金のために上京した。

1959年の伊勢湾台風（別項で詳述）以前から在籍していた山田登免吉は名古屋市内を含む愛知、岐阜、三重の各県内に活動拠点を置く報道各社の支社、支局回りを主に担当した。人事異動をはじめとする各社動向の原稿書きや販売店の集金などに携わったが、体調不良のため、1991年ごろに退いた。

北陸地区や九州方面など地方の取材と新聞販売店の集金を担っていたのは同年配の青木光雄であった。青木は同業の『新聞』で働いていたが、同社代表の死去に伴い、新聞報で経験を生かした。「販売店便り」の執筆も担当するなど、寄光が手の回らぬ部分を補ったが１９９３年、83歳で退社した。

彼らを束ねる寄光について、娘の水谷珠枝は「自分はペンより重いものは持てない、と半ば真顔で言うのが口癖だった」と全盛期のころの父親を思い出す。「よくもあれだけ書けると感心するほど原稿用紙に向かっていた」。記者を天職と言ってはばからない寄光は編集室を兼ねた書斎にこもり、ひたすら原稿用紙のマス目を埋めた。

天職の自覚があるとはいえ、人の子である。こんこんと湧き出る泉のように、後から後から言葉が溢れてくるわけではない。珠枝によると、ほかの記事はすべて仕上がっているのにミニコラムの「題字舌」だけが1文字も書けず、呻吟している寄光の姿を幾度となく目にしている。「題字舌」は文字通り、新聞報の題字下のわずか45文字の囲みものである。

短いけれども、人の心に食い入る深い言葉を45文字に込めねばならない。取り上げるネタを鮮やかにさばく力量が問われる。しかし、人の心を打つ名文が毎度、すらすらと紡ぎ出されるわけではない。行き詰まると、寄光は語呂合わせを原稿用紙にあれこれ書きつけたり、歳時記を開いたりして着想を得ることもあった。

恨みは深し伊勢湾台風

「昭和三十四年九月二十六日は新聞報の歴史に呪わしい一ページを記した」――。１９５９年10月20日付（第２９２号）トップ記事のリードは、この一文から始まった。後に伊勢湾台風と呼ばれる台風15号のために、新聞報は1カ月（計３号分）の休刊を余儀なくされたからだ。

この号は待望の復刊第1号である。「恨みは深し伊勢湾台風」と見出しを付けた寄光勇の手記をはじめ、休刊に対する事情説明とお詫びを載せた「謹告」「マスコミ界の被災者氏名」「スポンサーの救援」など、表裏にわたって関連記事が並ぶ。

謹告は「長らく休刊致し、まことに申訳ありません。深くお詫び申し上げます」という謝意に続き「未だ押入れ上段に起臥中ですが二週間に及んだ屋内浸水も漸《ようや》く去りましたのでとりあえず今週から新聞報の発行に着手しました」と現況を報告。「暫《しば》らくは定めし低調な紙面をお届けするものと思われますが全力をあげて復旧に努めておりますので何卒御寛容の程懇願致します」と結んでいる。行間に悔しさがにじむ。

被災者氏名は企業ごと、被災内容別に氏名と所属部署を掲載。スポンサーの救援は薬品メーカーや食品メーカーから寄せられた救援物資の品目と数量を克明に記した。

寄光は「新聞報被災日記」と題する読み物をこの号から3回にわたり連載。「(創刊から数えて)七年間に集めたガン首用の写真や調査資料は殆《ほとん》ど駄目にした」(十月九日)という記述に代表される、深刻な状況を現地ルポタッチで公《おおやけ》にした。

「日記」によると、台風の上陸に備えてすべての原稿を書き上げ、割付を終えた午後8時ごろ、自宅の玄関のガラス戸が破れ、天井から雨が降るように漏れ始めた。道路上の水かさが増し始める。避難のために外に出ると、水はへその位置まで迫る。歩くのは無理と判断し、向かいの洋服店の屋根に3世帯計14人が上がった。水位が止まったのは11時過ぎ。そのころには雨がやみ、月の光が水面に浮かぶ黒い屋根瓦を冷たく照らしていた。

一夜明けた27日午前5時、一家は消防隊のボートで救出され、近くの本城中学校に送り込まれた。28日には親子3人が腰までの水位の中を歩いて自宅に辿り着いたものの、室内の惨状は甚だしい。寝床を確保するため、押入れの上段を即席の寝室としたが、満潮が近づくと気が気でなかった。10月1日には、ゴムボートで見舞いに訪れた放送局、CBCの用度課員3人から、水を詰めた一升瓶数本や栄養補給剤、懐中電灯などの救援物資を手渡された。

丸1週間経った3日になっても腰の高さの水は引かない。食事も含め、立ち詰めの毎日が続く。この日から朝日新聞が配達され始めた。東京や大阪から送られてくる交換業界紙は読む気になれない。業界ニュースを読むにはペースが狂い過ぎているからだ。5日に2度目の休刊。8日付の同業紙『新聞』に新聞報休刊の社告と一家の消息が掲載された。

9日にようやく床上の水が引いた。しかし、年度別に整理しておいた新聞報の保存紙は押入れの下段で壁土や泥水に押さえ込まれたまま。「創刊以来七年間の記録を失ったと思うと泣きたくなる」。全くの再出発だ。10日には被災以来3回目の休刊を決断。壁の時計の針は11時5分で止まっている。その振り子より1センチほど高い所に壁の濡れた線があった。「昭和三十四年九月二十六日午後十一時五分――伊勢湾台風――浸水一メートル六二センチ…筆者はこう書きとめた」。連載の最後はそう締めくくられている。

1000枚の帯封を毎号手書きした妻の支え

取材、執筆、編集、割付、校閲といった制作部門はもちろん、郵送手配を含む配達や広告出稿依頼、購読勧誘など営業部門の仕事などに孤軍奮闘する日々が続いた。事業会社である以上、経理業務をはじめとする事務仕事もついて回る。

寄光勇の娘、水谷珠枝は短大に通うようになると、寄光の仕事の手伝いに駆り出された。例えば、発送作業のある火曜日は朝早くから新聞社や広告代理店、それらの関係会社が数多く集まる名古屋市中区の丸の内や栄に最新号を届けてから学校に行く。

寄光が書き上げた原稿を茶封筒に入れて、丸の内の名古屋タイムズ社（名タイ）に運ぶこともあった。民生用ファクシミリなど、まだまだ普及していない時代ならではの〝人海戦術〟である。こうした経験は珠枝を「習わぬ経を読む門前の小僧」に育て上げた。

卒業後、テレビ関係の事業会社をはじめ、数社で勤務した珠枝は37歳の時、新聞報社に入社した。半ば〝勤労奉仕〟であった学生時代とは異なり、社員として給料を受け取る立場である。仕事は多岐にわたった。まず、経理を中心とする事務部門を任された。

毎週月曜日は名タイに足を運び、担当者の組む割付作業に立ち合う。発送作業がある火曜日は短大時代と同様、関係先に配達した。昔と違うのはタクシーで回るようになったことだ。それほど所帯が大きくなったという証しである。

水曜日から金曜日までは校正、広告依頼、集金などの作業に充てた。読売・朝日両紙に取りに行った資料を寄光の待つ自宅に届けたり、随想を書いてくれる筆者を探したりすることもあった。娘婿にあたる雅史も校正や配達に駆り出された。

発行された新聞報は報道関係各社の支社や支局が入居するビルの集合ポストに珠枝が配達したり、担当者に手渡したりする形で届けられた。しかし、それはごく一部で、大部分は郵送された。その際に巻く帯封は創刊時から毎号、寄光の妻、智恵子が手書きしていた。その数およそ1000枚。

「火曜日に間に合うよう、水曜日から月曜日まで、空いた時間に少しずつ書き溜めて発送作業に備えていた」という。何十年と続く効率の悪い、義母の〝問屋制家内工業〟を見るに見かねた雅史は、送付先をすべてデータ化してパソコンに入力。ボタン一つで操作できるよう、智恵子に手ほどきをした。

「このことだけでも、義母が目立たない形で義父を支えていたことが分かる」と身内ながら、智恵子の内助の功を称える。長い年月を経る中で、新聞報は寄光家の人たちだけで運営されるようになった。智恵子と珠枝と雅史とが寄光を支える家族経営の状態である。

雅史はそれまで勤めていたゼネコンのサラリーマンを辞め、建築関係の会社を営み始めたばかり。それだけに「いつ、新聞報を継げと言われるか、いつもプレッシャーを感じていた」と打ち明ける。

東海地方に根付いた業界発展と支援掲げる

「名古屋では唯一無二の存在であることに対する誇りを常に持っていた。日経出身であったせいか、何事も数字で表すことに強い思い入れがあったようだ」。実娘の水谷珠枝は『新聞報』に寄せた寄光勇の思いをそう振り返る。

珠枝の言う「唯一無二の存在」は結果的にそうならざるを得なかったといえる。現在、同業紙と目される『新聞之新聞』も『文化通信』も、新聞報と同じ名古屋生まれの媒体である。それらが業容の拡大に伴って、活動拠点を東京に移していったのに対し、寄光はあくまでも名古屋地区を中心とする事業展開にこだわった。それは、社長兼主筆として現在の新聞報を率いる菅沼東平の時代になっても変わらず受け継がれている。

現在、8紙を数える同業紙はいずれも東京に本拠を置いているため、朝日・毎日・読売、日経・産経など主要各紙の動向をいち早くつかむことができる。また、つかんだ情報に対して臨機応変に動くこともできる。地の利である。

そうした利点のない新聞報が独自色を出す手立ての一つは不利を逆手に取ることであった。すなわち、地方の一般紙や県紙などが全国紙に対して行うのと同様に、徹底して地元の情報を追いかけ、細大漏らさず取り上げることであった。

勢い、中部地方のブロック紙の雄でもある『中日新聞』に寄せた記事が多くなる。寄光は単に、新聞報が生まれ育った名古屋にクローズアップした結果と捉えていたが、他紙からは「中日新聞に入れ込んだ業界紙」「地元色の濃い業界紙」と見られていたようだ。

現在では多少、改善されたようだが、かつての全国紙はたとえ名古屋市内で起きた事件でも、各社の名古屋支社や中部支社などを通じて一旦、東京本社に上げられ、地元に下りてくるという流れが珍しくなかった。どう考えても労力と時間のロスを生む。

そうした違和感を覚えていたからこそ、寄光は東海地方に根付いた業界発展と支援を旗印に掲げ、全国区の媒体にはできないきめ細かさを追い求めた。

現在の新聞報はタブロイド判4ページ建てで、1・2面が新聞業界、3面が広告・代理店業界、4面が放送業界を主な対象として取り上げている。また、機構改革や人事異動の多い季節や新聞業界に関わる大きな催しが開かれると増ページで対応する。ネタによっては全ページを費やすこともある。

4ページの半分を新聞業界に充てていることこそ、寄光の誇りの表れであろう。ちなみに同業他紙は新聞報が取材対象とする3つの業界に加え、印刷業界を加えたり、出版業界との二本柱にしたり、広告業界と並列させたりして、それぞれの個性を訴えている。

紙面の半分を割く新聞業界のページは、意図的かつ積極的な取材と先方のプレスリリースに基づくリライト物で構成される。後者の場合は事前に送られてくる書面の内容で〝あたり〟をつけ、価値判断した上で、40行、100行、半ページなどと扱いを決める。

付き合いも長く、ネタには事欠かない新聞業界に比べ、放送業界はネタ集めに骨を折る。潤沢に材料が集まる番組改編期を除いては広報のツテを頼らざるを得ないのが現状だ。

業界関係者から一目置かれる存在感

「名古屋を中心とする東海地区のニュースを丹念に発信する一方〝全国区〟の動きを押さえることにも抜かりなく」――。寄光勇から経営及び編集のバトンを受け継いだ菅沼東平に委ねられた申し送りである。

具体的には、中日新聞や中部日本放送（ＣＢＣ）、東海ラジオ・テレビ放送などに関わる情報をきめ細かくフォローするということだ。世の中の物事の多くは、半ば中央本位に進む。こうした構造下では、ローカルネタは取り上げられにくい。

例えば、全国紙では在名報道各社の人事や機構改革情報などは社長交代級でもなければ、べタ記事としても扱わない。その点、新聞報にとって地元各社の恒例行事や年頭所感、入社式挨拶、折に触れての会見などは紙面を飾るに相応しい「おいしいニュース」（菅沼）の狩場である。

新聞報の〝読者〟であるマスコミ各社は同紙と寄光をどのように評価していたのか。「創刊40周年記念号」（１９９３年２月９日付）に寄せられた各社のコメントを抜粋しよう（順不同。肩書は当時。本文表記は原文に準ずる）。

「寄光さんの真摯で穏やかなお人柄と明治人の気骨、長年にわたって、マスコミをコツコツと取材されてきた蓄積が（中略）読者の注目を集めているとおもいます」

（広瀬道貞・朝日新聞名古屋本社代表）

「流通部門の近代化や合理化など様々な問題が山積している中で、時には厳しく、時には的確なアドバイスをいただける皆様の役割は我々にとって心強いかぎりです」

（石曽根幹雄・読売新聞中部本社代表）

「産声をあげて間もない民間放送の今日までの変遷を、時代の流れとともにとらえた紙面は、そのまま戦後の新聞・放送史の証人といえましょう。今も変わらぬ各メディアのきめ細かな情報は、業界の一つの指針となっております」

（高橋一男・中部日本放送代表取締役社長）

「私ども民放関係者が知りたい新聞業界の情報は、中日新聞をはじめ、地方紙から全国紙に至るまで過不足なく扱われ、かつ広告代理店各社の動向まで、目が向けられているのも特色のひとつ」

（深尾学・東海ラジオ放送代表取締役社長）

「日本経済全体が不況に見舞われ、暗中模索しているいま、貴紙こそ、この名古屋に立脚した独自の視点で業界に幸福の風を送り込む先兵となり、幸福新聞として業界を引っ張って頂きたいと存じます」

（小早川隆直・博報堂名古屋支社長）

「『報道文化の正しい発展に寄与する』との創刊の理念のもとに毅然としてひるむことなく真実の報道に徹して迎えた寄光さんの四十年は、題字の梅花と共に香り高いものとして讃えられるべきであります」

（松波金彌・三晃社社長）

記念号という性格を帯びた紙面に寄せられたコメントとして、多少の割引をするとしても、新聞報と寄光に対する各社各様の率直な考えが浮き彫りになっているといえよう。

しっかりと引き継がれたバトン

「春なお浅い雪解けの庭に、一輪、二輪と咲きほころぶ梅のつぼみをながめながら、机をぬぐい、希望に胸をふくらませて創刊の辞を書いた、あの感激はいつまでも忘れられない。あれから四十五年。その時の梅の花をそのまま題字の紋章とし、いつまでも清らかに馥郁《ふくいく》と香り高き新聞報でありたいと、寒風厳しい業界紙荒野に敢然根をおろした新聞報でした」。

寄光勇の筆による格調高い一文である。ただし、文章はこの後「あと五年で半世紀というところまできたのですが、老体許さず、遂に筆を折ることになりました」と続く。「発行人変更のご挨拶」と題された、1998年9月22日付の社告である。縦書きのタイトルの右側に新聞報社主幹・寄光のお礼の言葉が、左側には後を受ける有限会社菅沼編集企画代表取締役・菅沼東平の所信表明が同じスペースを割いて記されている。

新聞報社と菅沼編集企画はどのような縁で結ばれたのか。両者の共通点は名古屋タイムズ社（名タイ）を媒体製作のよりどころとしていることであった。新聞報社は名タイに組版から印刷に至る発行業務のすべてを委ねていた。名タイは夕刊紙なので、必要部数を刷った後は輪転機が空く。このため、三重タイムズや宝石新聞、ＰＴＡ新聞、つりニュースなど、さまざまな新聞の印刷を受託することで高価な機械を遊ばせないようにしていた。新聞報も名タイに印刷を委託していた媒体の一つであった。

一方、菅沼編集企画は名タイに机と電話を置く記事広告製作会社であった。今日の編集プロダクションの走りといえるだろう。同社は名タイの編集局長で定年を迎えた菅沼の父、芳二が退職後に立ち上げた個人事業である。中日新聞を代表とする在名各社の記事体広告の委託や中部電力などをはじめとする企業社内報の製作を請け負っていた。

時は高度経済成長期のまっただ中。そうした時代の巡り合わせが事業を後押しするように、社業は順調に推移した。そのうち、父親だけでは手が足りなくなり、東京新聞で校閲や割付など、主に整理部周りの仕事をしていた菅沼が呼び戻された。

互いに名タイのフロアで顔を合わせるくらいの間柄であった寄光と菅沼が経営や発行業務の譲渡という関係になるのにさして時間はかからなかった。寄光が社告で述べているように、たとえ週に一度の発行（当時）とはいえ、一人で、取材、執筆、編集、校正をすべてまかなうことが当時87歳の寄光に相当な負担を強いていたことは想像に難くない。

「新聞・放送等報道文化の正しい発展に寄与する」という新聞報の高邁《こうまい》な理念と志は創刊時からいささかも揺らいではいないが、生身の体に無理はきかない。相当な逡巡を重ねた上で寄光が辿り着いたのは「創刊45周年の節目で潔く廃刊すること」であった。

どこからともなく広まる廃刊の噂を受けて「他に類を見ない業界紙をなくすのは忍びない」

「惜しい」という声は次第に大きくなり、やがて名タイを拠点に同じ印刷物を手がける菅沼に後を託す案が浮上。菅沼は新聞報社の経営と、媒体である新聞報の編集発行を預かることを決めた。菅沼編集企画の当時の柱であった企業内新聞が活字からデジタルに移行することで事業に一区切りをつけられるタイミングであったことも決意を促した。

社告掲載後も寄光は顧問として新聞報の行く末を見守り、5年後の2003年9月28日、老衰のため、中京病院（名古屋市南区）で息を引き取った。奇しくも、実の娘である水谷珠枝の誕生日であった。

譲渡金なしで始動した新生・新聞報

「この二十余年にわたる経験はまだまだ微力の域を脱しませんが、名古屋で唯一のマスコミ業界紙の長年にわたる信用と実績をさらに盤石なものにしていき、皆様のお役に立つ業界ニュースペーパーとして使命を果たす決意であります」。

「発行人変更のご挨拶」に綴られた寄光勇の思いを受ける形で菅沼東平も自らの考えを同じ社告に寄せた。新聞報の経営と発行は、創刊45周年を境に寄光から菅沼に委ねられた。菅沼が47歳の秋である。

両者の仲立ちは名タイ印刷が務めた。「受け継いでくれただけでもありがたい」という寄光の気持ちを反映し、事業継承に伴う譲渡金は交わされていない。菅沼が手がけた当初の発行部数は1500部であった。発行サイクルは寄光時代と同じく、月4回であった。

「地元（東海地区）と全国とのバランス」に気を遣った寄光の編集方針を菅沼も踏襲した。全国区のニュースは朝日・毎日・読売・日経各紙の広報部から業界8紙に送られるリリースを有効活用。原則的に本文記事はそのまま掲載したが、タイトルや見出しとレイアウトは菅沼流のアレンジを施して紙面化した。先方から「お貸し下げ」の形で載せることにためらいがあったからだ。

菅沼には大学1年の後半から卒業までのアルバイト期間を含め、都合8年間勤務した、東京新聞・校閲部での経験を生かしたいという強い思いがあった。父親の「菅沼編集企画」を手伝うため、28歳で帰名してからもざっと20年あまりの経験を重ねている。

実際、同じ材料を基にしながら、他紙とは一味も二味も違う割付やひねりを利かせた見出し類はしばしば、ニュースを提供した各社の広報部を唸らせた。

新聞報の紙面づくりで菅沼は、同じ素材を扱っていても見栄えの良さに腐心した。料理と同じだ。同じ材料でも包丁さばきや下ごしらえ、火加減、だしの引き方、調味料の具合、盛り付けの仕方で、出来栄えはまるで違う。もちろん、味わいも別物になる。

新聞報に関わるまでの28年あまりで蓄えられた整理の技術やさまざまな現場経験は新聞報の品質を高める上で大いに役立った。新聞という媒体の性質上、同じ紙面は2度と現れない。毎号異なるのが当たり前だ。真っ白な割付用紙を前に、毎回工夫しながら出来上がりを思い描く作業を菅沼はあまり苦にしたことがないという。

乞われる格好で新聞報を引き受けた菅沼が大学1年の時に早くも新聞社でアルバイトをしていたのは偶然というより、必然に近いかもしれない。別項で述べているように、菅沼の父親、芳二は名古屋タイムズ社で編集局長を勤め上げた。その前は『山形新聞』の記者をしていた。

母親の千枝子も『日本婦人新聞』の記者をしていた。父方の祖父は中日新聞の前身の一つである『新愛知』で記者として活躍。父方の叔父も電通中部支社のコピーライターとして鳴らした。菅沼の気持ちを新聞に向かわせる環境は期せずして整っていたといえよう。

編集畑出身ならではの感性光る紙面づくり

自動車や家電や食品など、消費財のメーカーがいくつもあるのは、それぞれの商品を通じて、必要とする人たちの要望に応えるためだ。メーカー各社は自分たちの考えを商品に託し、消費者は好みの商品を選ぶ。新聞業界紙の世界も例外ではない。

寄光勇から会社の経営と媒体の発行業務を引き受けた菅沼東平は〝編集畑〟出身という自らの経歴を紙面づくりにさり気なく生かした。多くの場合「発表もの」と呼ばれる新聞各社発のニュースリリースは仮見出しを付けた形で配布される。担当する広報部門は社会部や整理部の出身者が多い。それぞれに思い入れもあるはずだ。

しかし、掲載するか否かの編集権は菅沼の側にある。そこで「記事はありがたくご提供いただくが、見出しはこちらで決めさせていただく」というスタンスを菅沼は貫いた。限られた人員と経費でやり繰りせねばならない業界紙にとって「先方から降ってくる」ネタの提供はありがたい。その上、見出しまで付けてもらえば作業は楽になる。

半面、記事も見出しも提供された状態のままでは、各紙の個性を打ち出しにくい。実際、ある新聞社の社長交代に伴う所信表明記事は一字一句異なることなく、各紙が足並みを揃えた。

揃えたというより、まったく同じ紙面内容で掲載された。菅沼にとっては居心地の悪いことこの上ない光景だ。何より、編集出身という誇りが安易な掲載を許さない。

多くの場合、この種の記事は本文そのものの変更に制約がある。そこで、菅沼は仮見出しの趣旨から逸脱したり、クレームをつけられたりしない範囲で自らの感性に則った見出しを施すことにした。レイアウトもしかり。記事の流し方や写真の扱いなど、限られた紙面でできる精一杯の差別化を試みた。

「餅は餅屋」という。後日、菅沼が知恵を絞った掲載紙を手にした広報担当者から称賛の声があがるようになった。特に整理部出身の担当者は菅沼の〝仕掛け〟や〝ひねり〟を見抜いた。多くの広報担当者には、菅沼の〝味付け〟は改ざんではなく、洗練の一種と映った。そういう視点で業界各紙の大きな発表記事を読み比べてみるのも一興だろう。

例えば「新聞報創刊70周年」の社告を掲載した2023年4月10日付で、朝日新聞の購読料改定を準トップ扱いとした。先方から送られた見出しは「朝日新聞社が購読料改定」「用紙高騰など要因」「東海3県で夕刊休刊」「12年ぶり文字拡大」「読み解き重視の新紙面」の5本。菅沼は「5月から」「新朝刊発行、月ぎめ4千円」を加え、読者の理解を助ける、よりきめ細かな情報を盛り込んだ。

見出しの選択を含むレイアウトと同じく、菅沼が心を砕いているのは校閲である。医療安全に携わる病院関係者の間では「人は必ず間違える」という言葉から医療事故を未然に防ぐ活動を進める。校閲作業にも似た面がある。誰も好きこのんで間違えるわけではない。しかし、現実的に「訂正とお詫び」は撲滅できない。信用問題にも関わる。

菅沼も「間違いは必ずある」という大前提で、固有名詞が居並ぶ人事異動情報や決算数字などには特に丹念に目を通すようにした。

ニュースの中にニュースを見つけるのが業界紙

編集出身という経歴を反映させた紙面づくりに加え、菅沼東平はコラムや連載など、企画で独自性を訴えることにも力を入れた。その一つに「一筆一話」という囲み記事がある。寄光勇時代の「随想」に変わる新たなコラムとして打ち出す以上、これまでとは一線を画する布陣を敷きたい。その具体的な手法として、菅沼は、名古屋を拠点として活躍する文化人に白羽の矢を立てた。複数の筆者に持ち回りで書いてもらっている。

こうして、山田彊一（現代美術作家）、こかチちかこ（舞踊家、Ｄａｎｃｅ Ｗｏｒｋ代表）、秋田和典（元放送局ディレクター）、よでん圭子（絵本作家）に依頼した。

「執筆には、あまり面倒な注文を付けず、気ままに書いてもらっている」と菅沼が言うように、今やこのコラムから先に目を通す読者もいるほどの看板企画である。

「トップに聞く」も菅沼が温めていた構想を実現した不定期の一問一答企画である。取り上げる条件はただ一つ。支社長や支局長など、トップとして名古屋の新聞社や放送局、広告代理店などに異動してきた人であることだ。

「ほとんどの方は名古屋に初めて着任する。ご本人が名古屋のことをご存じないのと同じく、多くの読者もその人のことを知らない。地域に根差した新聞報だからこそ、両者の橋渡しの役目を果たせるのではないかと考えた」と菅沼は企画の狙いを語る。

原則的に菅沼が単独取材する。共同会見だけでは紙面上の独自性を打ち出しにくいからだ。社歴や抱負、所信、人生訓から趣味、オフタイムの過ごし方まで、硬軟取り混ぜた話題を直球で聞く。取り上げたトップの「人となり」を競合社や読者が知る手がかりになるばかりではなく「いちいち先方を訪ねなくても、名刺交換代わりのご挨拶ができる」と登場する当事者にも好評だ。先方とのアポ取りや擦り合わせといった、競合紙が面倒がる手間をいとわぬ菅沼の軽やかなフットワークが導いた好企画といえよう。

「新聞報」の題字下に控える「題字舌」と、一段ものの「有線無線」（現在は休載中）は寄光時代から続く代表的なコラムである。特に前者は「寸鉄人を刺す」の例え通り、わずか数行で世相を切る警句として人気が高く、文字通り、同紙の顔となっている。

コラムや独自のインタビュー記事のほかに、菅沼が熱心に取り組んでいるのは、記事の深掘りである。「メディアの一端にはいるものの、業界紙という性質上、スクープとの縁は程遠い。記者クラブに加盟していないので日常的なソースに接することもない。その代わり、すでにあるニュースを後追いして深掘りすることはできる」（菅沼）というわけだ。

菅沼の嗅覚は、2021年度の新聞協会賞を受けた「愛知県知事リコール署名大量偽造事件のスクープと一連の報道」を探り当てた。受賞報道を取材した中日新聞名古屋本社の記者（社会部次長）を紙面で取り上げようと考えたのだ。一過性で終わらせるには惜しいと強く感じたからである。しかし、当の記者はデスクとして北陸本社に異動していた。

菅沼は東海・北陸のネットワークを生かし、編集局長を介して記者と接触。根気よく何度も遠隔のやり取りを重ねた。こうして、知られざる裏話を盛り込んだ手記の形で掲載にこぎ着けた。この経験を振り返り「ニュースの中にニュースを見つけるのが業界紙」と菅沼は言い切る。

インフルエンザにかからないよう細心の注意を払う

2019年末に発生し、世界的な広がりで猛威を振るった新型コロナウイルス感染症は2023年5月8日に「5類」に移行したことで、ひとまず法律上の区切りをつけた。「5類」は感染症法上で、季節性インフルエンザ（以下、インフルエンザ）と同じ位置づけとなる。移行は決して新型コロナウイルスの終息を意味するのではない。あくまでも法的な扱いが変わっただけだ。

菅沼東平はこのニュースを複雑な思いで聞いた。心配の種が一つ増えたからだ。新型コロナウイルス登場以前に流行性感冒と呼ばれていたインフルエンザを菅沼は非常に警戒していた。インフルエンザの流行はかかった本人ばかりでなく、世の中の仕組みを脅かす。時にはパンデミックと呼ばれる状況を招き、社会生活を機能不全に陥らせることもある。その不自由さは、新型コロナウイルス禍の窮屈な生活を思い起こせば足りる。

菅沼はインフルエンザにだけはかからぬよう、細心の注意を払っている。インフルエンザが流行の兆しを見せる冬季は1年で最も多忙を極めるからだ。この時期は通常の発刊業務に加えて、新年号の取材・執筆・編集業務が重なる。加えて、新聞大会や「新聞広告の日」など、業界挙げてのイベントも活気を帯びる。ネタ集めには格好の時期だ。

新聞発行をめぐる一つ一つの作業は極めて精巧な歯車で順送りされる緻密な機械作業のようだ。緻密であるからこそ、歯車の動きが一つ狂えば、全体の作業に支障を来たす。その機構を動かすオペレーターは菅沼一人だ。端的にいって、代わりがない。

業界用語で「年末体制」と呼ばれるこの時期は、菅沼にとって、1年のうちで最も健康に気を遣い、慎重に過ごす期間である。体調を崩すことは歯車を止めるのに等しい。年末年始の作業を滞りなく終え、通常業務に戻ることは業務を引き継いで以来、菅沼が何よりも心を砕いてきたことだ。

少し大げさにいえば『新聞報』70年の歴史のうち、菅沼の携わった25年は「菅沼がインフルエンザにかからずに冬を越せた」ことで刻まれてきた。決して酒の嫌いではない菅沼が不摂生を戒め、深酒をせず、早めに床に入り、適度な運動を欠かさず、体調管理に努めてきたのも、すべては1号も欠かさず、読者の手元に最新号を届けるためであった。

あとで述べるように、菅沼は2022年に体調を崩し、改めて「健康」の大切さやありがたみが骨身に染みる貴重な経験をする。菅沼にとって、健康は新聞報の存続に直接的に関わる最重要事項であることは論を待たない。

健康管理と並んで菅沼が日常的に努めているのは「転ばぬ先の杖」を常に用意しておくことである。取材時には必要となる機材の予備を必ず持参する。具体的には録音機と撮影機をハード、ソフトとも2台ずつ揃える。

そこまで準備していても、時として、想定外の事態に見舞われることがある。なんらかの事情で録音や撮影が不調に終わった時には、居合わせた同業者に協力を仰ぐ。競い合いながらも助け合う。困った時はお互い様だ。業界紙の世界ならではの仁義であろう。

抗《あらが》えぬデジタル化の波をどう迎え、どう乗るか

『新聞報』70年の歴史は新聞製作における技術革新の歴史でもある。一般紙の紙面を埋めつくす活字は写真植字を経てＣＴＳ（Cold Type System）に置き換わった。溶かした鉛を使う従来の「ホットタイプシステム」に対して非金属活字で作成した版下を用いるＣＴＳは環境衛生面からも現在の主流になっている。

同じ略語を用いるＣＴＳ（Computer Typesetting System）は電算植字システムと呼ばれ、組版の合理化策として導入され、こちらも現在の新聞製作を担っている。

名古屋タイムズ社で組版、印刷されていた新聞報は、その後委託先が、名古屋タイムズ印刷、中日制作センター(組版)、中日高速オフセット印刷（印刷）と変わっても、基本的にそうした製作体制で発行されている。

一方、原稿用紙に鉛筆やボールペンなどで手書きしていた出稿方法は、ワープロ専用機、パソコンのワープロソフトへと作業の姿を変えた。かつて、公衆電話などで送っていた遠方からの送稿にはファクシミリが使われるようになった。近年は電子メールが重宝されている。インターネットを介して音声や動画も送れるようになった。

取材の必須機材であるテープレコーダーはＩＣレコーダーに主役の座を譲り、カメラもフィ

ルムを使う一眼レフからデジタル機に代わった。昨今はスマートフォンが往年の一眼レフを脅かす。好むと好まざるとにかかわらず、時代はアナログからデジタルに向かう。

実際、国内の一般紙はもれなく、リアルな本紙のほかに電子版（web版）を設けている。速報性において、随時更新可能な電子版が圧倒的に有利であることは火を見るより明らかだ。動画を掲載したり、双方向で読者と交流したりすることもできる。

では、菅沼東平は新聞報におけるデジタル化の流れをどのように見ているのだろうか。

現時点で菅沼は業界紙の電子版普及を懐疑的に捉えている。その理由は大きく2つある。第一は主な読者層が電子版を必要とするかというマーケティング上の問題。第二は電子版という媒体の品質に関する問題だ。

マーケティング面では、東海エリアの毎日新聞や朝日新聞が夕刊を廃止した。このような一般紙の先細り傾向が明らかになる中で、これまでの読者がそっくり電子版に移るのかと菅沼は疑問を呈する。新聞報を含む業界紙の読者はマスコミ関係がほとんどである。主要読者の年齢層も高い。「そういう人たちがパソコンやスマートフォンで熱心に追いかけるほど、電子版になじむかどうかも分からない」と菅沼は言うのだ。

品質面では、職人級のプロが知恵を絞って記事の軽重や割付の強弱を決める「紙」に遜色ないクオリティを電子版で実現できるのかという点を重視する。業界紙は一般紙ほど速報性を求めない。その上、モニター画面越しに画一的な見出しと記事を読まされる電子版の品質はきちんと担保されるのか。編集出身の菅沼ならではの捉え方といえよう。

ただ、業界紙でも一部、電子版の発行を試みているところはある。懐疑的な立場ではあるものの「時代の大きな流れとして、抗えないのは確か。それだけに、電子版の特性を生かす利点を専門家と連携して考えていきたい」としている。

人と人とのつながりを改めて痛感

鳩尾《みぞおち》のあたりを針で所かまわず刺すようなキリキリした痛みが菅沼東平を襲った。20日号の編集作業が佳境を迎えていた2022年10月8日午後3時過ぎのことである。このところの無理がたたって、胃腸炎を起こしたのだろうと咄嗟に考えた。そのうち、痛みだけではなく、夥《おびただ》しい冷や汗が下着を伝った。

折悪しく、妻の松美は外出中。一過性の変調だろうと高をくくった菅沼は編集室でもある書斎のソファに2時間半余り横になった。帰宅した松美が薬局で勧められた薬を服用したものの症状は一向に和らがない。自分の体調よりも目前の締め切りが気がかりな菅沼は9、10の両日、周期的に襲ってくる痛みを我慢しながらパソコンに向かった。

一通りの編集作業を終え、11日にかかりつけ医を受診すると、心電図やMRI、超音波診断などの結果に目を通した医師は菅沼を有無を言わさず救急車に乗せた。搬送先の愛知医科大学病院で急性心筋梗塞と診断された。ただちに手術が決まり、14日に行われた。当然、13日に決まっていたテレビ愛知の社長インタビューも、14日に予定していた、創刊70周年記念本の打ち合わせも飛んだ。手術は8時間に及んだ。

27日には1回目の手術に伴って開いた右心房と左心房の穴を塞ぐ手術が行われた。こちらも7時間を要した。29日にICU（集中治療室）から一般病棟に移ると、驚異的な回復を見せた。日ごろから健康管理に気を付けていたことやゴルフを中心とする適度な運動を続けていたことが順調な社会復帰を後押ししたのではないかと菅沼は強運に感謝した。結局、休刊は10月20日付から12月1日付まで4号を数えた。

もちろん、この間、新聞報は自動的に運営されていたわけではない。倒れた直後に発刊されるはずの10月20日号は事実上、印刷できなくなった。しかし、大多数の読者はその事情を知る由もない。そこで、広告代理店、株式会社ワントゥワン顧問の近藤清と松美が手分けして、読者やクライアント、スポンサーなどへの事情説明に奔走した。

近藤は菅沼の高校時代の同級生で、仕事上の付き合いもある。マスコミ業界との人脈も豊富であるため、話は早い。説明を受けた担当者のほとんどが休刊の理由を質すよりも菅沼の体調を気遣い、一日も早い復帰を願った。

主治医をして、目を見張るような回復ぶりと言わしめた菅沼は、この経験を通じて「人と人のつながりを改めて痛感した」と振り返る。もとより、ワンオペレーションで回している事業であるだけに、ひとたび、その原動力がなんらかの事情で休止を余儀なくされれば、自社はもちろん、発行業務に携わる組織や人、読者にも多大の迷惑がかかる。

入院の長期化に備えて、古くから菅沼を知る人たちは「応援団」を組むべく、水面下で動き始めた。しかし、菅沼の人並外れた回復力はそうした動きを必要としなかった。現在は「1日2時間以内」と条件付きで主治医から認められた執筆をほぼ忠実に守っている。

「一時はこれを機に引退を考えたが、支えてくれた多くの人たちのサポートやバックアップに応えるためには、1号ずつ丁寧に発行を続けていくことが何よりの恩返し」と菅沼は断言。2023年4月20日には通常版に代えて『新聞報創刊70周年記念号』（別項参照）を16ページ建てのフルカラーで発行した。

古希から喜寿へ、喜寿から米寿へ、そしてさらにその先へ――。新聞報はその歴史を着実に重ねていくことだろう。

転職は天職につながる

株式会社ワントゥワン／デジテックワン株式会社
代表取締役　古畑秀樹

この本をつくるにあたって開いた初期の編集会議で「あとがき」の担当を仰せつかった。しかし、あとがきなどという洒落た文章は私には似合わない。そこで、これまで「広告」という業界で、面白おかしく生きた証しを伝えることで、あとがきに代えたい。

小さいころから、遊びも趣味も学びもすぐに投げるクセがある。親からは「飽き性な子だ」と言われ続けた。高校時代は『メンズクラブ』というファッション雑誌を片手に、当時流行していたアイビールックでキメていた。アコースティックギターが趣味で、好きなフォークソングを追っかけた。大学は、東海地方ではお坊ちゃん学校として知られる愛知学院大学へ通い、休学、落第含んで6年間も在籍する。

日々、マージャン、アルバイトに明け暮れていた1970年春、2回生を終えた20歳の若輩者は流行作家で、当時の若者の教祖的存在でもあった五木寛之の『青年は荒野をめざす』（文藝春秋）の影響を受けてヨーロッパへヒッチハイクの旅に出る。これが今の自分につながる。「理屈より行動」である。

1年後、大学に通いながら、求人案内専門の「内藤一水社」というエージェンシーへ夜間学生扱いで就職する。毎日20〜30社の飛び込み営業。すなわち、新規開拓の連続だった。新しいこと好きの私にとって、この種の仕事はお手の物だった。今日につながる「トライするスピリッツ」はここでさらに磨かれたように思える。

そして1974年に転機が訪れる。「久保田宣伝研究所（現・宣伝会議）」のコピーライター養成講座の新聞広告をたまたま目にしたことだ。広告に書かれていた表現は定かではないが「これからの広告業界はコピーライターが主役……」というような内容だったと思う。

早速、名古屋の「第3期コピーライター養成講座」を受講した。「理屈より行動」の実践である。卒業時には賞をもらい「ひょっとしてコピーライターとやらの職に就けるかもしれない」と、半ばその気になった。

その気持ちが幸運の女神に通じたのか、ラッキーなことに1975年の春、コピーライターを募集していた「ブライト・アド」の面接を受ける機会に恵まれた。同社は当時トヨタ自動車販売（現・トヨタ自動車）の産業車両専属プロダクションである。日を置かず、すぐにでも来てほしいと言われた。採用決定である。

世間ではまだ、ほとんど知られていない職種であるにもかかわらず、真新しい名刺に「コピーライター」という肩書を入れてもらった。素直に嬉しかった。刻印された7文字のカタカナは晴れがましく、まぶしく見えた。

この会社では、主力製品であるフォークリフトのパンフレットやDM、全国のディーラー向け社内報制作などの仕事に携わった。来る日も来る日もフォークリフト漬けである。正直、飽きた。

念願の広告業界の一端に関わっているとはいえ、やはり、SPツールだけでは満足できない。さまざまな経験を積むにつれ、向上心はしっかりと育まれていたのだ。「広告業界に入った以上は、マスメディアの案件に関わりたい」という思いは日増しにつのり、日本で最も古いといわれるエージェンシーの「廣告社」に転職する。1976年のことだった。

当初は会社案内や商品パンフなどを手がけた。やがて、念願であった新聞広告のコピーを書くチャンスに恵まれ、楽しい日々を送った。その後、ラジオ・テレビ部門へ異動となり、ラジオCM、テレビCMの企画制作に携わることとなった。

この部門ではCMの放送枠や番組提供枠の買い付け業務も行っていたため、ありがたいことにその交渉に立ち合ったり、仕切ったりする経験もできた。それに伴って、ラジオ局やテレビ局の営業マンとのビジネス上のお付き合いが広まり、多くの人脈もできた。

それまでの経験で自分が持ち続けていた「クリエイティブがすべて」という概念が吹っ飛ん

だ。広告というコミュニケーション活動は極めて広く、深い。従って、その手段も方法もお得意様の意向や予算などで大きく異なることを学んだ。広告マンとしての大きなターニングポイントであったことは間違いない。

このころから、広告業務を俯瞰で見ることの面白さが芽生えた。一方、コピーライターとして文章を書き続けることに抵抗が出始め、40歳までには筆を捨てる決意ができていた。

１９８４年、縁あって「新東通信」というエージェンシーに転職し、しばらくはクリエイターとしてディレクションに関わった。

この会社は当時、話題が多く、売り上げも順調で、１９８５年から９０年ごろまで、イベントビジネスをはじめ、競艇場の広告の取り扱いや住宅ハウジング関連などで業務拡大を図っていた。イベントビジネスは私にとって当然新しい世界であり、とても大きな興味を抱かせた。実際、イベントプロデューサーとして多くのイベントに関わらせていただいた。

会社には媒体の仕入れ部署が存在していなかった。そこで、自ら進んでメディア折衝部門（媒体局）の設立を提案し、業務にあたらせていただいた。バブル経済まっただ中ということもあり、テレビＣＭ・ラジオＣＭ・新聞広告の取扱高が拡大し、日々の仕事は楽しかった。

その後、欲の深い私は、現在のワントゥワンという会社の礎となる新規事業の立ち上げ専門部署の開発局やダイレクトマーケティング局を経験。「スターキャット・ケーブルネットワーク」というＣＡＴＶ局へ出向し、人脈形成をさせていただいた。

振り返ってみると、ステップアップのために多くの職種を自ら選び、転職を4回経験した。まさに己の中に広告会社を経営できる要素が蓄積され、スタート台に立てたのだと思う。自分にとっての天職だ。本稿のタイトルは「転職は天職につながる」だが、視点を変えれば「天職は転職から生まれる」といえるかもしれない。

1998年4月に「有限会社（現・株式会社）ワントゥワン」を設立した。人と企業、そして企業と企業をつなぐことを目的に、マーケティングコミュニケーション会社として活動している。

世の中には従来のマスメディアに加え、さまざまなデジタルメディアが出現し、想像できないほどの情報が溢れ返っている。それにつれて、人々の活動や企業活動は当然のこと大きく変化をしている。こうした状況の中、これからの時代のあらゆる場面に対応できるマーケティングやクリエイティブでコミュニケーション活動をお手伝いしている。

ビジネスアイテムとしてはマーケティング関連、SPプランニング、マスメディア広告取り扱い、SPメディア取り扱い、デジタルメディア取り扱い、イベント企画運営、コンサルティング及び営業支援、IT業務、広告販促に関するクリエイティブ業務全般を行っている。

結果的にこうして今、多岐にわたるコミュニケーションビジネスに携わることができて、その面白さを教えてくれたのは燃えやすく冷めやすい性分、すなわち目移りするという性格である。加えて、大げさかもしれないが、マスコミ業界とそこで勤める諸先輩方に出会ったお陰だと考えている。

マスコミとクライアントのつながり、その中間に立つ広告会社の役割、人脈形成などの多くの知識と恩恵を受け、まさにマスコミ業界に育てられたといっても過言ではない。お陰様で今、こうしてクリエイティビティな挑戦を続けることができる充実した環境が得られたことに、とても感謝している。

こうした理由からマスコミ業界への恩返しのつもりで『東海地方のマスコミ70年の歩み』の出版企画をさせてもらった。この本がこれからマスコミ業界、コミュニケーションビジネスを目指す方々に少しでもお役に立てたら、この上ない幸せである。

2021年、デジタル業務部門を独立させ「デジテックワン株式会社」を設立。

現在は多くのデジタルビジネスの業務をこなしている。

2022年には、ウエアのオリジナルプリントビジネス「キコナス事業」を立ち上げる。

キャンペーン用ウエア、ユニフォーム、キャップ、エコバッグなどのロゴデザインからプリント&刺繍を手がけている。

同年「株式会社ワントゥワン」は創業25周年を迎えた。

見たり聞いたり編纂委員会メンバー

古畑 秀樹 ――― 株式会社ワントゥワン　代表取締役
　　　　　　　デジテックワン株式会社　代表取締役
菅沼 東平 ――― 新聞報社　代表
近藤 清 ―――― 株式会社ワントゥワン　顧問
　　　　　　　デジテックワン株式会社　取締役
鈴木 準 ―――― 株式会社ジェイ・ビーム　代表取締役
伊藤 公一 ――― 伊藤公一事務所　代表／ジャーナリスト
丹羽 啓二 ――― 株式会社ワントゥワン　デザイナー
林 良和 ―――― 株式会社三恵社　ディレクター

見たり聞いたり
東海地方のマスコミ70年の歩み

2024年 2月5日　初版発行

編者　見たり聞いたり編纂委員会

企画　株式会社ワントゥワン
監修　新聞報社

― 発行所 ―
株式会社　三恵社
〒462-0056 愛知県名古屋市北区中丸町 2-24-1
TEL 052-915-5211　FAX 052-915-5019
URL https://www.sankeisha.com/

ISBN978-4-86693-904-9